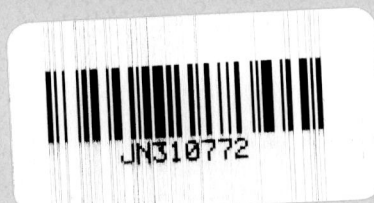

東北アジア学術読本　6

地中レーダーを応用した遺跡探査

GPRの原理と利用

佐藤 源之・金田 明大・高橋 一徳 編著

東北大学出版会

Tityuu re-da- wo ouyoushita iseki tansa:
GPR no genri to riyou
[Archaeological Survey by Ground Penetrating Radar:
Principle of GPR and its applications]

Motoyuki SATO, Akihiro KANEDA, Kazunori TAKAHASHI

Tohoku University Press, Sendai
ISBN978-4-86163-267-9

出前授業でGPR計測を行う小学生（本文38頁参照）

西都原古墳群での3DGPR計測（本文110頁参照）

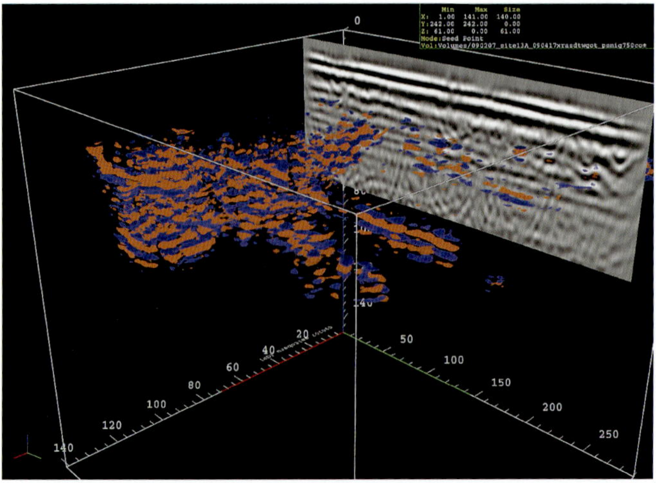

西都原古墳群地下式墓地（本文111頁参照）

東北大学が開発したアレイ型地中レーダー「やくも」（本文88頁参照）

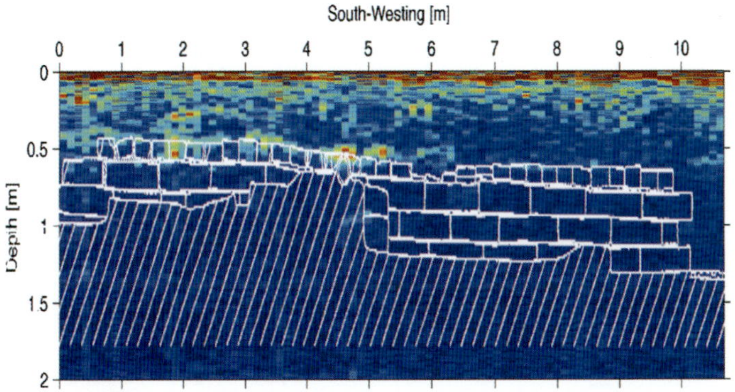

野蒜築港暗渠（本文107頁参照）

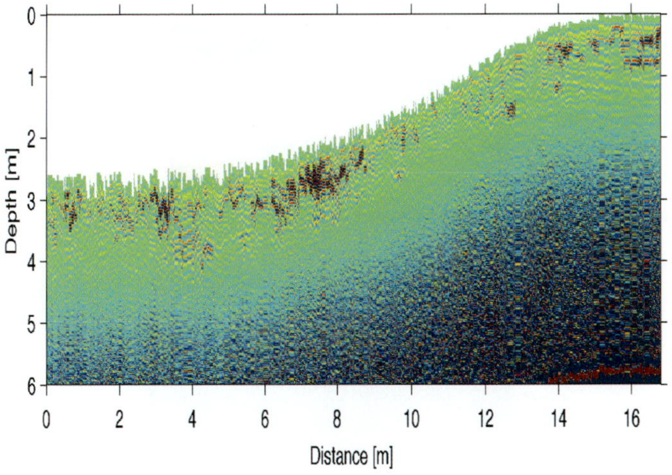

合戦原古墳の地中レーダー縦断面（本文147頁参照）

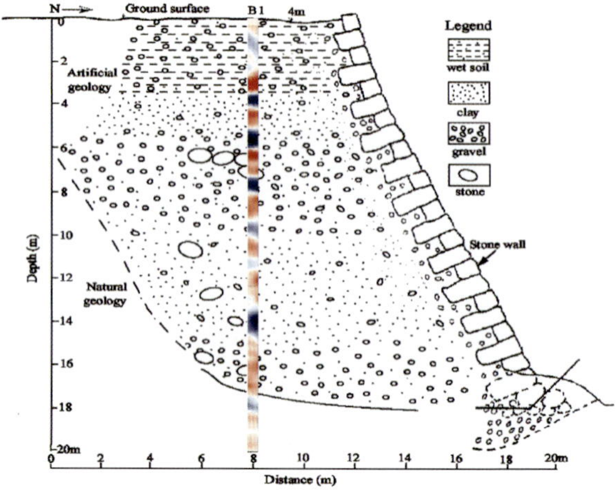

VRP Result of Sendai Castle

VRP法で予想した仙台城石垣内部構造（本文160頁参照）

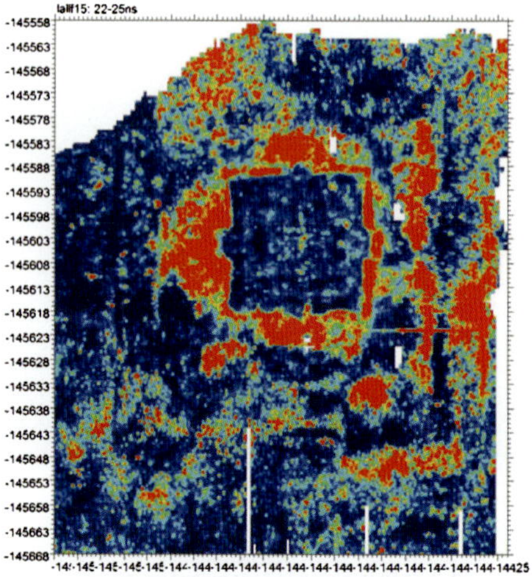

東大寺東塔院（本文168頁参照）

目　次

まえがき

本書は、地中レーダー（Ground Penetrating Radar:GPR）を遺跡調査に有効に活用するため、地中レーダーを使ったことがない方、地中レーダーを少し使ってみたが、あまりうまく使えないと思っていらっしゃる方、地中レーダーは名前を聞いたことはあるが、どう役にたつのか良くご存じない方などを対象に書きました。もう少し具体的に言えば、遺跡調査に直接関わる地方自治体の担当者、遺跡調査に興味を持つ研究者や大学院学生、学部学生、それに加えて地中レーダーを利用するコンサルタント関係者などで、いずれも地中レーダーの専門家ではない方を想定しています。

また遺跡探査以外の目的で地中レーダーを利用する方にとっても、基礎からその原理を理解できる内容となるよう心がけたつもりです。

遺跡調査の主体は、発掘です。土を掘り、遺物を発見することで、過去の歴史を辿り、できるだけ正確にその時代の様子を再現することが、遺跡調査の目的です。

私は遺跡調査に地中レーダー（GPR）を初めとする「遺跡探査技術」を導入することの意義を次の3点であると考えています。

1. 発掘による遺跡の破壊防止
2. 遺跡の分布範囲を予測
3. 発掘できない遺跡を精密に可視化

遺跡を発掘する場合、非常に丁寧に土を除いていきます。遺跡発掘作業で遺跡を破損することは発掘を行う者にとって、あってはならないことですが、このために発掘作業は慎重になり、時間を要することになります。もし、発掘を行うとき、自分の目の前に何がどういう向きに埋まっているかを見ることができたら、発掘の作業はより正確に、また効率よく行えるのではないかと考えます。私は地中レーダーを利用して埋設された対人地雷を検知する研究に携わってきました。アフガニスタンやカンボジアで地雷除去を行う作業は、正に命をかけた仕事ですが、金属探知機と地中レーダーを使うことで埋設地雷の位置を1㎝の精度で掘り出す前に予測することが可能となっています。こうした技術の発達によって、地雷除去作業で死傷する事例は、世界中でほぼ無くなりました。

奈良や京都などは言うまでも無く、人間は昔から同じ場所で暮らし続けてきました。昔の建物を壊した後に新しい建物を建築することを繰り返すことで、地区全体が遺跡となっていきます。私が仕事をしている東北大学川内キャンパスは、江戸時代は仙台城二の丸、明治時代には第二師団、戦後の米軍駐留時代を経て大学のキャンパスとなりました。東北大学は我が国の大学の中では広く自然に恵まれたキャンパスを持っていますが、新しい建物を建築するためには、常に綿密な遺跡調査をキャンパス内で行う必要があります。表層から掘り進むにつれ、鉄筋コンクリートの瓦礫、煉瓦の壁、そして石積みと時代をさかのぼった遺構が残されています。この様な場所は日本全国至る所で見られ、遺跡調査自体の計画を優先順位をつけて行う必要があります。道路や建物の建設を目的とする広域な遺跡調査では、はじめに遺跡の分布範囲を知ることができれば、遺跡調査の効率を高めることができると考えています。

最後に、特に重要な歴史的構造が「史跡」に指定され、大切に保存されています。歴史的な価値が特に高い史跡は、特別な場合を除き発掘が許可されることがありません。このような場合に、遺跡を掘らずに地表面から「見る」ことができれば、研究者だけではなく遺跡をより深く知りたいより多くの人に、歴史を遡る夢を与えてくれることでしょう。

ここに挙げた3つの点は、遺跡を「発見」することではありません。既に遺跡が存在することがわかっている場所を、より詳しく測定し、より多くの情報を地面を掘らずに、あるいは掘る前に得ようとするものです。私は地中レーダーを利用した遺跡探査は、こうした点に最も意義があると考えています。

本書は4章から構成されています。第1章では遺跡探査に地中レーダーを導入することの意義について論じます。第2章はできるだけ数式を使わず（3つほどありますが）、平易に地中レーダーの原理と特徴を説明しています。第3章では私達が研究開発を進めている、新しい地中レーダ計測技術について解説します。現状では専門の研究者でなければ使用できない技術ですが、研究開発を進めることで数年後には、このような世界トップレベルの技術を誰でも使えるようにしていくことをめざしています。そして第4章では私達がこれまで行ってきた具体的な遺跡調査例を紹介します。地中レーダーを使えば、ここまで遺跡をきちんと理解する情報が得られるのだという具体的な事例を見ていただきます。

本書は遺跡調査を重要な目的として書きましたが、その内容は遺跡調査以外にも適用できるものです。本書が地中レーダーの入門書として活用されることを願っています。

2015 年 11 月　佐藤　源之

第１章
地中レーダーによる遺跡探査の有効性

第1章　地中レーダーによる遺跡探査の有効性

1. 遺跡調査の現状と探査の有効性

1.1. はじめに

人々の活動の痕跡は、それが意図するものであれ、意図せざるものであれ、わずかな痕跡を残すことがある。そのわずかな痕跡を観察し、取得した情報から過去の人類の活動やそのありようについて検討しようとする学問領野を考古学と呼んでいる。

他の学問領野と同様、考古学においても、その時点での研究の目的や技術的な発達に基づいて多様な視点から対象物である考古資料を検討、分析するための数多くの方法が生み出されてきた。ここで扱う地中レーダー（Ground Penetrating Radar:GPR）による地中探査もそのひとつとしてあげられる。これらの方法の多くは、研究の進展や対象物を取り巻く環境の変化に応じて変化していくことはいうまでもない。

そこで、まずは、遺跡を対象とした探査技術 - 遺跡探査と呼ぼう - について、現在における意義を考えてみよう。

なお、遺跡にとどまらず、建造物や民俗資料などを含めた文化財を対象としたより幅広い呼称として文化財探査という呼称が存在する（足立ほか 1999)。遺跡探査はこの中に含まれる一部分であるが、本書においては遺跡を主な対象とすることから、より用語を限定した形での遺跡探査という用語を利用したい。

図 1.1　地中レーダーによる遺跡調査風景
GPR 探査風景 - 台渡里

1.2.　遺跡探査の意義

考古学の研究では、眼による資料の観察により多様な情報を取得する。掘りだされた石器、土器をはじめとする遺物の形状の観察は、それがいつのいかなるものであるかを考える基本となる。製作技法に着目すれば、共有される技術に基づいた技術の変化と共有を考えることもできるし、その背後に存在する交流や情報の交換をみることもできる。出土状況をみれば、層位による時期決定だけでなく、そのものが最終的に残された時の人々の行為や、その後の自然の営為の影響を考える手段になる。建物や井戸等の遺構についても同様に、その形状や造作を観察することで、その性格や技術を観察することができる。これらの情報を得ることで、遺物や遺構はただ掘りだされたモノであるだけでなく、より豊富な過去を知る手掛かりになるのである。

埋没した人類の活動の痕跡を確認し、情報を取得する方法の代表は、やはり発掘調査であろう。地中に存在する過去の痕跡を直接眼によって観察するためには、眼というセンサーが受け取る情報である可視光線を利用しなくてはいけない。しかし地中には可視光線は透過しない。このため、眼による観察をおこなうためには、光線の透過を妨げる土を物理的に除去し、過去の痕跡を露出させる作業が必要となる。この行為を発掘と呼ぶ。直接的に観察することが可能になるため、対象物の豊富な情報を取得することが可能である。これからも当面の間は、発掘調査は遺跡からの情報取得手段として中心的な手段であると考える。

反面、発掘は対象物を大きく改変する行為である。過去の人類の活動の痕跡が土地に刻まれたり、また廃棄や遺棄などの行為によって残されるのと同様、我々がおこなう土地への行為もまた同様にその痕跡を残す。発掘は破壊でもある、という言葉は常に肝に銘じなくてはならないことであろう。一度掘りだして移動された土は元に戻ることはない。現在の我々の研究上の課題を達成するためや、開発等の行為による改変によるやむを得ない措置として発掘をおこなうことは必要不可欠であるが、将来必要となるであろう新たな課題を検討するためにも遺跡の現状をなるべく改変することなく保存していくことも重要である。調査員として発掘に臨む研究者は常にこの葛藤と向き合いながら調査を進めている。この矛盾するような状況にいかに我々は対するべきであろうか。

このような問題意識のもと、長い間非破壊で地中の情報を取得する方法が模索されてきた。これらの技術を総称して探査と呼ぶ。探査には大きくわけて地表に現れた地下からの影響を観察する判読と、地中に存在する差異を物理的な手法を用いて明らかにする物理探査の2つが存在する。

判読は地下の遺構や遺物の影響によって地表にあらわれた様々な徴表（マーク）や、地形にみる人為的な改変の痕跡、地割などの遺存を空中写真や人工衛星による画像などから読み取る手法である。これはCrawfordの研究を嚆矢とし、我が国にも森本六爾（森本1931）、末永雅雄（末永1955・1999）など試みられており、成果を上げている（西村2001）。

物理探査では、振動や電磁波や電流などの中で地中を伝搬可能な特徴をもつものを送受信することで地中の状況を可視化する能動的な方法と、磁気や重力など地中に存在する物質の物性に基づいた物理量を計測する受動的な方法がある。能動的な手法は、電磁波の一部である可視光線を妨げる土を除去して対象物を確認する発掘の代わりに、地中を伝搬するものを用いて土を除去することなく可視化する技術であるとも言える。

本書では、これらの方法、特に物理探査の一手法である地中レーダー（GPR）探査の遺跡調査への活用を主題として、その意義と方法の解説、および適用事例を解説する。

1.3.　遺跡探査の歴史と現状

日本における遺跡探査は、森本六爾による空中写真判読（森本1931）や中島壽雄らによる電気探査の利用（1948）といった形で、航空機や物理探査機器などの開発・利用が開始された比較的早い段階より試みられてきた（西村 1995・2001・2008）。当初は個別に実施されてきたが、科学研究費重点領域研究「遺跡探査」や、そこで研究を進めた人々を中心に組織された日本文化財探査学会の活動により、徐々にその有用性が認識されてきている。これらの活動は、当初技術開発や遺跡という対象に特化した計測方法の開発といった面に力点がおかれ、技術的な蓄積を進めてきた。その蓄積をもとに、日本における有効性の検証と情報技術の向上に伴う解析方法の進展が進んでいる。近年では良好な条件下では遺構の配置や形状を知ることも可能になりつつある（金田 2010）。解決すべき課題は未だ多いが、研究の草創期における手法の確立に加えて、本来の目的である遺跡からの情報取得や保護活用のための利用が可能な段階に手法が成熟してきたといえる。取得できる成果の向上や、市販の機材の利用が進んでいることから、遺跡の範囲確認や開発に伴う発掘調査の予備段階である試掘・確認調査に準じた形での探査の活用が補助金などの利用により可能となってきたことも大きい。

ここでは、遺跡探査の現状における意義を複数の観点から考えてみたいと思う。

1.4.　学術調査における探査

本来、発掘調査をその理由において弁別することには問題があろうが、学術的な目的を設定して実施される学術調査に対して、開発などの事由によって遺跡を改変あるいは破壊する場合に対応して実施される発掘調査は、緊急調査あるいは事前調査と称されてきた。調査の事由によって発掘調査自体の作業や目的が大きく異なることではないが、調査に要求される状況が異なっていることも事実である。このため、調査における遺跡探査の導入の意義を考える上で便利な区分でもあることから、ここでは、学術調査、緊急調査、そして史跡保存という調査事由の区分により、その特質と遺跡探査の有効性を考えてみたい。

学術調査は件数は多くないが、本来発掘調査の主軸となるべきものである。大学をはじめとする研究機関が中心となって実施されることが多いが、近年では自治体などがおこなう調査もみられる。

これらの調査は、研究上の目的を有しているため、緊急調査に比べて準備などが周到であることが一般的で、研究の進展に寄与してきた。しかし、発掘が遺跡の現状を改変してしまう行為であることには変わりはない。この点を認識した上で、できる限りの情報の取得に努める必要がある。また、緊急調査に比べて調査区設定などで自由度が高いことや、予算などの関係や遺跡の保護とも密接にかかわることから比較的小規模な調査が多いことが特徴といえる。また、目的が学術的な探求であることから、開発などによる遺跡の破壊や改変が喫緊の課題になっていないこともその特質といえる。差し迫った破壊などの危機的状況にあるわけではない遺跡を調査する上では、緊急調査に比べてより万全の情報収集と調査技術の下、発掘調査を実施することが要求される。目的意識の希薄で根拠のない調査区の設定や、「遺跡は掘らなくてはわからない」という場当たり的な発掘やそれによって引き起こされる無計画な調査区の拡張などは慎まなくてはいけない。勿論、環境条件などの要因で成果がおもわしくない場合も多くあるだろう。しかし、可能な限りの情報を得るための事前調査は、その目的がなんであれ、成果の良否を判断するためにも試みられるべきである。

海外における事例をみれば、発掘調査の前提としての探査技術の活用は浸透している感があり、いくつもの解説書や運用のガイドブックも存在する（例えば Renflew and Bahn 2004（池田ほか訳 2007）、English Heritage 2008 など）。日本においても有益な実践が蓄積されつつあるが、今後特に学術調査においては必須の技術になっていくと考える。

1.5.　緊急調査における探査

緊急調査における調査目的はその多くが調査後に消滅するか、大きく改変されてしまう遺跡の状況を記録、保存しようというもので、「記録保存」とも称される。記録は多くが報告書等の成果物として残され、研究などに利用される。

このような理由による発掘調査は、調査すべき範囲が開発計画等の要因によってあらかじめ決定されており、探査の必要性は低いと判断されることも少なくない。しかしながら、論者はむしろ緊急調査にこそ遺跡探査の有用性があると考える。

多くの発掘調査は、試掘・確認調査を経て、必要を認めた段階で本調査を実施することが一般的である。ここでは、そのそれぞれについて、遺跡探査が寄与できる範囲について考えよう。

試掘・確認調査：開発等の行為が行われる対象範囲においては、まず、地表調査や文献資料、地形の検討等の基礎的な作業がおこなわれたのち、遺跡の存在を確認することを目的とした試掘調査や周知の遺跡の内容を把握するための確認調査が実施される。これらの調査は、範囲全体を対象とするものではなく、小面積の発掘を対象地区内に任意に設定した複数個所で標本抽出的に実施する方法が一般的である。文化庁の報告「埋蔵文化財の把握から開発事前の発掘調査に至るまでの取扱いについて」（文化庁 1998）によると、「対象面積の 10%の確認調査をおこなえば、本発掘調査の範囲の決定に必要な情報を得ることができるとされている」という記述があり、残念ながら根拠が示されていないが、一定の目安となる。現状では多くの自治体等の組織が実施する調査については 10%を下回っていることが多い。また、遺構は対象範囲にむらなく存在することは少なく、部分的な調査では遺構の偏在によって遺跡の評価や必要な対処方法に誤りが生じる可能性が否定できない。遺跡の性格や内容を把握できるか否かは運によることが少なくないのである。また、大規模な遺構の場合、小面積の調査区ではその内容が把握できないことや、遺構として認識されないこともある。また、小規模とはいえ、発掘調査には費用や時間、人員のコストが必要となる。

このように、現在の試掘・確認調査では、遺跡の本調査の必要の是非を考える上で考慮しなくてはならない問題点を抱えている。実際に試掘・確認調査で本調査不要の判断後、開発工事の途上で重要な遺構や遺物が確認される事例もある。誰も知らずにそのまま消えていった資料もあるだろう。遺跡探査では、一般的に対象面積のほぼ全体をより少ないコストで把握することが可能である。このため、対象地区内の遺構の存在の可能性について検討できる。

かねてより、地中の状況は可視できない状況にあることから、掘ってみなくてはわからない、という意見が根強い。発掘調査以外に有効な手法がない段階では、この意見は妥当であったと考えるが、探査技術が土木・開発分野に普及し、また国内外において遺跡探査が成果をあげてきている現状において、従来から変わらない回答を当たり前のように繰り返すだけでは、当該の発掘調査や、文化財保護、そして行政自体の信頼を失墜させることになろう。何より、予想外の状況に至った段階で影響を受けるのは、遺跡であり、また担当者をはじめとする遺跡を巡る利害関係者全てである。期間や予算の都合で十分な調査ができずに破壊に至ることは極力避けるべきであろう。

もちろん、後述の通り、発掘調査と遺跡探査は用いる手段が異なる方法であり、得られる情報は異なる。従って試掘・確認調査を完全に代替するものとしては現状ではないことを強調しておきたい。むしろ、その特性を考慮しつつ、開発対象範囲や遺跡を理解する上で必要な範囲に対して遺跡探査を実施し、その成果に従って従来よりも少ない調査区を設置し、それぞれの成果を連携させて検討をおこなうことが必要と考える（第４章 5.1 項参照）。

また、遺構の密度の把握や、その時系列における変化を考えることは、本調査における予算や人員を考える上で有効な資料となることも多いと考える。

加えて、調査範囲外における遺構の把握が非破壊的に実施できることも重要であろう。掘立柱建物の柱穴や集落の周辺にめぐらされた溝など、発掘調査で確認された遺構が調査区の一部分のみ確認できた場合、遺構の性格や範囲を把握したい場合に調査区外の情報が重要となることも多い。追加調査が可能な状況であれば良いが、そうでない場合、探査による追加調査によってそれを把握することが有効であろう。

近年では、土盛りなどの対策をはかることにより、遺構を保全しつつ開発を進める方法も増加しつつある。この場合、遺構は保全されるが、構築物が設置されることでその後の情報取得が長期間困難になることも多い。このため、遺跡を理解するために非破壊的な手法を用いて情報収集をおこなっておくことも必要であろう。1998年の文化庁通知「埋蔵文化財の保護と発掘調査の円滑化等について」（文化庁1998）では、これらを踏まえて発掘調査を回避するために盛土等による保存についても言及している。しかし、通知においても触れられているように、本来の保存方法として必ずしも適切ではない。残念ながら、発掘調査における省力化のみが強調され、本来謳われていた遺跡情報の把握という面を重視し、新たな方策を検討、導入することなくなし崩し的に発掘調査の回避のみが進む懸念を感じているのは、筆者だけではないだろう。

また、遺跡をはじめとする文化財を活用した街づくりや開発も考慮されて来ている。これらの計画に際しても、説得力のある情報を提示することができれば、地域の発展とより良い形での文化財の保護をはかることができる可能性を有していると考える。

1.6.　史跡保存における探査

長い不景気の影響は、文化財においても多様な問題を有している。開発等の行為の減少による調査件数と面積の減少もさることながら、それを背景とした調査員や調査における予算の減少は極めて深刻な状況にある。その状況の中、我が国の、そして地域の財産である史跡の保存を目的とした活動が活発化していることは、注目される事象とみていいだろう。かねてよりその重要性が認識されてはいたものの、いままでは開発に対応するだけで精一杯でその実態を明らかにしたり、保護の対象とすべき範囲があいまいになっている部分については、遺跡探査と確認のための発掘調査を連携させることで効果的にその目的を達成することができる。

史跡指定においては、史跡の範囲をまず確定させる必要性が存在する。また、古い段階で指定された史跡においては、局地的な事例で重要性が認識され指定された例も多く、追加指定等に際して遺跡の範囲を確定させる必要が出てきている。史跡は本来、その重要性から保護して後世に伝えていくという性格のものであり、可能な限り非破壊的な調査による把握が必要であろう。このため、緊急調査に比して、近年では遺跡探査が試みられることが増加してきており、成果も上がりつつある。

また、既に史跡に指定された遺跡においては、その理念から追加の調査が認められにくい状況もある。詳細な遺構の配置など、新たな課題を検討するためにやはり非破壊的な手法による情報収集が有効な場合も多い。史跡の研究を進め、また国や地域の貴重な遺産としてよりよく活用していく上でも、遺跡探査は大きく寄与すると考える。

また、遺構の保存などにおいても、地中探査による情報収集が有効である。福島県宮畑遺跡における電気（比抵抗）探査は、地下水による遺構の保存への影響を評価する情報を提供している（脇谷ほか 2008）。また、瓦窯の残存状況や陶器窯の窯構造の差異を考えることや、城の石垣や古墳の石室の裏込め部の状況の把握、地下式横穴墓の分布の把握などについても成果をあげており、遺跡の管理と保護に大きく寄与するであろう。

2. 文化財探査の利点と限界

2.1. 考古学的情報と遺跡探査で得られる情報

先述したように、遺跡探査はこれからの遺跡を対象とした研究や保護、活用に対して多様な可能性を秘めている。しかし、それは決して万能ではなく、多くの利点とともに欠点を有している。ここでは、遺跡調査を中心に、扱う情報の観点から考古学の研究や保護と探査について考えてみよう。

考古学研究者は考古資料から多様な情報を取得し、記録する。これらの多くは、人類の活動を考える上で必要な情報である。形状や大きさ、色や構築・製作技法、使用痕跡など、多種多様な情報が取得され、年代や使用者、製作者、あるいはそこでおこなわれた行為などの諸活動がそこでは検討される。そのためには観察時の熟覧や実測図作成などの計測、あるいは理化学的な分析手法を用いて多様な情報を習得する。これらの活動によって得られた情報を考古学的情報と呼ぼう。

遺跡調査においては、これら考古学的情報の取得がまず必要となる。では、遺跡探査においてこれらの情報の多くを取得できるかと考えると、それは難しいのが現状であるといえる。

遺跡探査、とくにGPR探査をはじめとする物理的手法を用いた探査技術で取得できる情報は、地中の異常部分の存在の有無や、それが持つ物理的な特性を取得するものである。このため、異常部の材質などについて推定することが可能であったとしても、それがいかなるものであるのか、例えば、異常部分が鉄製品であることが推測できたとしても、それがいつのどのようなものであるのかという考古学的な情報についてはそれのみでは判断が難しいのである。期待して調査したところ、近年に廃棄された塵芥の中のスチール缶であったといった例は少なくない。溝状の構造物が確認できても、それが自然流路なのか、人工的な水路であるのか、あるいは防御施設であるのか、そしてそれが構築され、使用された時代と機能していた期間、そして現在に至るまでの遺構の形成過程についてはそれのみでは明らかにしえない。これらについては、形状や深さ、他の異常部との関係や既存の発掘調査事例などを参照することや、検証のための発掘調査を併せて実施するといった考古学的な知見を合わせることによって初めて明らかにしうるものである。

従って、探査手法のみによって遺跡の性格を考える上で重要な考古学的な情報を取得することは困難である。遺跡探査の成果については、手法の利点や問題点、そして運用についてはそれぞれの技術者に委ねるとしても、その成果についての解釈については考古学的な知見を有した研究者、担当者とともにおこなうことが必ず必要である。

このように、遺跡探査には発掘調査に比べて考古学的な情報を得るという目的の上では限界がある。しかし、先に述べたように、その特性を踏まえて活用することで、発掘調査の抱える課題に対してある程度の解答を得ることが可能と考える。つまり、広域を迅速に物理的手法を用いた探査をおこない、その成果をもとに認められた遺構の可能性のある個所の実態を検証するための小規模な発掘調査を実施するという方法である。

遺跡の情報を取得するという目的に鑑みれば、探査と発掘という二つの調査法は文化財の研究や保護を支えるものであり、長所と短所を踏まえたうえで、必要に応じて利用をはかるべきであろう。

2.2. 物理探査方法と遺跡への利用

先述の通り、条件により利用の可否が異なる判読に比べて、物理探査はより遺跡の非破壊的な探査に有効な手法である。地震探査、電気（比抵抗）探査、電磁探査、磁気探査、重力探査などの様々な手法が遺跡の探査に用いられてきた。

これらは、当然、得られる情報も異なる。従って、目的とする対象物や状況に応じてその手法を選択していくことで、適切な成果を得ることが可能である。特に、近隣の発掘調査成果による遺構の確認例や地表から遺構確認面までの深さといった情報は、過信するのは危険ではあるものの、手法選択を考える上で有益である。

本書で取り上げるGPR探査は、地中の遺構を知る上で解像力や作業時間等において優れており、柱穴や竪穴建物といった土壌の差異による遺構の判別が可能であることから、日本の遺跡調査において、探査に要求される情報を取得することが可能な技術として有効と考える。他に日本において多く試みられている手法は磁気探査と電気（比抵抗）探査があり、磁気探査は主に被熱遺構や鉄製品の探査に用いられている。他の遺構についても情報取得の可能性はあるが、現状ではまだ事例が少ない。電気探査も多様な対象に適用可能な技術であり、電磁波などの外部条件の影響を受けにくい特徴があるが、解像力に劣り、また計測に時間がかかる問題がある。

探査可能深度の問題も重要である。遺構確認面があらかじめ想定できる場合には、それに見合った深度まで探査が可能な手段を選択する必要があるが、近隣に発掘調査例などがない場合には、深い部分を探ることが可能な方法を必要とする場合がある。それぞれの手法や使用機材、土壌条件などに応じて可能な探査深度は変化するため、これらの特性を踏まえた選択が必要である。また、深度が深くなると取得できる情報のS/N比が低下したり、解像力が悪くなることが多く、遺構を対象とした場合に限界があることも認識しておく必要がある。

また、実際に探査をおこなう場合、手法の選択は地表の状況に大きく影響されることも注意する必要がある。シールドアンテナによるGPR探査のようにアンテナを地表を滑らして計測をおこなう場合には障害物となる植生や石などを可能な限り除去する必要がある。ジオホンや電極などの計測子を配置して配線をおこない計測する地震、電気探査は計測子を接地し、配線できればよく、磁気探査では地表から一定の距離を離して磁力計を保持し移動するため、下草などの影響は受けにくい。このため、田畑など開けた場所ではGPR探査は迅速に探査作業が可能であるが、林などの中では伐採などの作業を丁寧におこなうことが後の作業の効率化や良好な成果を得る上で必要であり、これらに要する時間を考えておく必要がある。

引用・参考文献

足立和成・中條利一郎・西村康編著　1999　文化財探査の手法とその実際　真陽社

西村康　2001　遺跡の探査　日本の美術第422　至文堂

森本六爾　1931　飛行機と考古学　東京考古学会

末永雅雄　1955　空から見た古墳　朝日新聞社

末永雅雄　1999　古墳の航空大観　学生社

中島壽雄・岩津潤・中林一孝　1948　遺跡遺物の電気探査豫報　資源科学研究所彙報12

西村康　1995　日本の探査抄史　文化財論叢II　奈良国立文化財研究所

西村康　2008　日本における遺跡探査抄史　最新の物理探査適用事例集　社団法人物理探査学会

金田明大　2008　考古学研究・埋蔵文化財保護に物理探査を役立たせるために　最新の物理探査適用事例集　社団法人物理探査学会

金田明大　2010　いよいよ柱穴がみえてきた―発掘調査補助手段としての文化財探査―　文化財の壺創刊号

金田明大　2011　古代日本の官衙・寺院遺跡探査の実践―奈良文化財研究所による近年のGPR探査―　信学技報SANE2011-120　電子情報通信学会

金田明大　2012　総論遺跡探査の方法と利用　月刊考古学ジャーナル629　ニューサイエンス社

金田明大　2012　寺院・官衙遺跡の探査　月刊考古学ジャーナル629　ニューサイエンス社

東憲章　2012　西都原古墳群の探査と地下マップ　月刊考古学ジャーナル629　ニューサイエンス社

西口和彦　2012　窯・生産遺跡の探査　月刊考古学ジャーナル629　ニューサイエンス社

西村康　2012　探査の歴史と海外の動向　月刊考古学ジャーナル629　ニューサイエンス社

佐藤源之　2012　最先端の地中レーダー（GPR）による遺跡探査技術　月刊考古学ジャーナル 629　ニューサイエンス社

Renfrew&Bahn　2004　（池田裕・常木晃・三宅裕監訳 2007）　考古学　理論・方法・実践　東洋書林

English Heritage 2008 Geophysical Survey in Archaeological Field Evaluation English Heritage

文化庁　1998　埋蔵文化財の把握から開発事前の発掘調査に至るまでの取扱いについて（報告）平成 10 年 6 月　文化庁文化財部記念物課

http://www.bunka.go.jp/bunkazai/shoukai/pdf/houkoku_03.pdf

文化庁　1998　埋蔵文化財の保護と発掘調査の円滑化等について　文化庁文化財部記念物課

文化庁文化財部記念物課　2010　発掘調査のてびき―集落遺跡調査編―　文化庁文化財部記念物課

文化庁文化財部記念物課　2012　発掘調査のてびき―各種遺跡調査編―　文化庁文化財部記念物課

脇谷草一郎・高妻洋成・降幡順子・肥塚隆保　2008　遺構保存のための事前調査法　奈良文化財研究所紀要 2008

第 2 章
地中レーダーの基礎

第2章　地中レーダーの基礎

1. 電波とレーダー

地下に眠る遺跡を、土を掘ることなく調査する遺跡探査技術を解説するのが本章の目的である。遺跡探査には、磁気探査、電気探査、電磁探査、地中レーダー（GPR）などが用いられているが、その中で電波を使うGPR手法について詳しく解説する。

電波を使って遠くにある物体を検知する技術がレーダーである。またレーダーなどを使い衛星や航空機から地球表面を観測する技術はリモートセンシングと呼ばれている。地中の物体を地表から手を触れずに測定する技術も、広い意味ではリモートセンシングに含まれる。中国語ではリモートセンシングを「遙感」と表現するが、この言葉はリモートセンシングを感覚的に良く捉えている。一方、地下にある物体を掘削しないで計測する技術を一般には「物理探査」と呼んでいる。本章ではレーダーを含めた物理探査技術の基礎について説明したうえで、どのような場合にGPRが有効なのかを明らかにする。

1.1.　電波と波動

電磁波はテレビ、携帯電話など身の回りで多く利用されているが、人間の目で視ることができないため、理解が難しいと思われる。ところが、人間の目で見える光も電磁波の一種である。電磁波は光と電波を合わせた総称である。電磁波のうち波長の短いの

が光であり、更に短いのがX線である。それに対して波長の長い電磁波が電波である。（p185 コラム：電波と電磁波参照）

電波について考えるとき、電波を専門とする研究者はよく光の振る舞いを思い浮かべる。水面で太陽の光が反射したりする現象は電波と同じだからである。電波や光の他に、身近な波動として、音、地震波を含む振動などがある。このうち私達が最も理解しやすいのが水の表面を伝わる波面の波動かもしれない。池の水に石を投げ入れて波紋が広がる様子は波動のそのものの伝わり方を良く表している。池の水面に頭が出ている石を思い浮かべてみよう。水の波面は石にぶつかって波紋が四方八方に広がっていく。これは波の散乱現象と呼ばれる。また波が池の縁に到達したとき、波紋は池の中心に戻っていく。このとき、池の縁がまっすぐなら波面は元の形で戻っていくだろう。また曲がった縁からは複雑な波紋が広がる。これが波の反射である。波動とは、ある波形がその形を変えずに、同じ速度で移動する現象のことを指す。基本的に、目に見えない電波もこれとほぼ同じ振る舞いをする。反射は地中レーダーの最も重要な性質であり、私達は電波の反射を想像しながらレーダーの画像を観察している。

電波は携帯電話、ラジオ、テレビのような情報を電気信号として空中を伝えることができる。ところで電波は空気以外の物体中を伝わることができる。地中を伝わる電波を利用して地中を「視る」のが地中レーダー(GPR）である。（p185 コラム：波の種類参照）

1.2.　レーダー

空港では赤と白に塗られた航空管制レーダー用のアンテナが高速で回転している。アンテナから送信された電波は短いパルスとして空中を伝わる。アンテナから出る電波は一定方向だけに送信されるので、その方向に飛行機があると飛行機の表面で反射した電波がアンテナに戻ってくる。パルス波形の電波がアンテナから飛行機までの往復する時間 τ（s：秒）を測れば、アンテナから飛行機までの距離は $d=\frac{c\tau}{2}$ (m) として求められる。空中の電波は光の速度と同じ $c=3\times10^8$ (m/s)で伝わる。

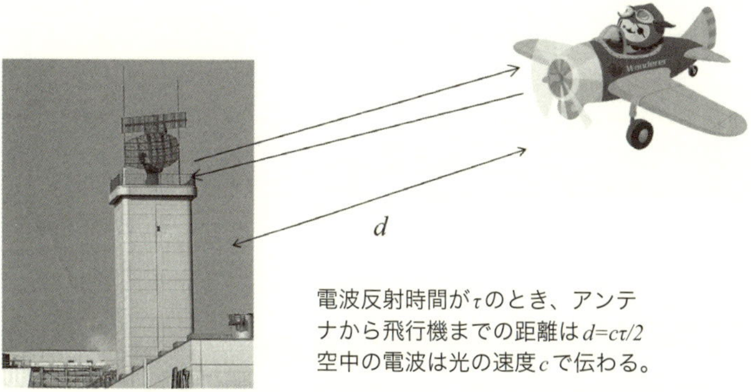
d
電波反射時間がτのとき、アンテナから飛行機までの距離は$d=c\tau/2$
空中の電波は光の速度cで伝わる。

図2.1　レーダーの原理

電波は空中を遠くまで伝わるが、地中もある程度伝わることができる。レーダーの電波を地中に放射し、地中の物体からの反射を捉えるのが地中レーダー（Ground Penetrating Radar: GPR）である。

最近では地中レーダーについて「GPR」（ジー・ピー・アール）という呼び方が定着している。

図2.2　地中レーダー装置　Ground Penetrating Radar（GPR）の一例

2. 遺跡探査に利用される物理探査手法

遺跡調査は地中に遺された遺構を掘り出すことで確認する作業であるが、土を掘削することなく遺構が地中にある状態を調べる手法を「遺跡探査」と総称する。土を開削しないで状態を調べる手法は、より一般的には「非破壊検査」手法の一種であるが、特に地下計測（探査）では、「物理探査」という用語が一般に用いられている。つまり遺跡探査は地中の「遺跡」を「物理探査」手法によって計測することである。

2.1.　物理探査の手法

物理探査は、石油・天然ガス、地下鉱物から、地下水・温泉などの探査、また道路に埋設されたガス管や水道管の検知など、多くの目的で利用されている。物理探査に利用される種々の手法は「非破壊」計測という点で共通している。発掘をすれば遺物を直接「見て」「触る」ことが可能であるが、非破壊計測では発掘をせずに遺跡を理解しようとする。

探査手法の選定は計測対象の物理的な性質に基づいて行う。発掘による遺跡調査では、地層の違い、地層に含まれる異物の検知を人間が行うが、このときは地層や異物の色と肌触りを人間の感覚で識別している。「探査」は人間の「主観的」あるいは「定性的」な感覚を、より客観性のある「定量的」な数値として表すことであり、主観性を排除し、誰でも同じ結果を出せるようにすることとも言い換えられる。例えば、人間の目が識別する「色」は、物体の表面で反射される光の波長の違いであり、「肌触り」とは機械的な強度や表面の滑らかさを意味している。人間の感覚をセンサーを利用して定量的に計測するときに、遺物の物理的な性質が他と土壌と大きく異なるような性質を利用すれば遺跡をより効率よく探査できる。

物理的な性質は大学の講義科目で例えれば「化学」、「力学」、「電磁気学」に相当する。

物質の化学的性質を分析する地化学探査は、土壌サンプルを化学分析して異物を検知する。土壌に通常と異なる化学物質が含まれるメカニズムには地下の遺構から特定の化学物質が草の成長に伴って移動し、土壌に蓄えられる、あるいはガス化した物質が土壌を移動して地表面に到達するなどが考えられる。

力学は、物質の振動を利用した地震探査と密度を利用する重力探査で使われている。地震波（弾性波）が異なる地層の境界面で反射される性質を利用し、地層境界面の深度や位置を地表から計測するのが「地震探査」である。異なる地層では土壌の密度や固さが異なることで、弾性波の速度が違ってくる。波は、伝搬速度の異なる境界面で反射する性質を利用している。この点でGPRと共通の反射現象を利用している。地震探査法は、地震計を地表に設置する手間がかかるため、遺跡調査ではあまり利用されていない。また物質の密度の違いを計測する「重力探査」は、大規模な金属鉱床探査などで利用されている。

電気・電磁計測では物質特有の電気的定数である導電率、誘電率、透磁率（通常σ，ε，μと表記する）のうち、特徴的な定数を利用した計測を行う。電磁気学的性質より、導電率は直流から低周波、透磁率は低周波、誘電率は高周波で計測しやすい性質を持つ。計測対象の電気定数に応じて各周波数に適応した計測手法がある。計測手法は低周波から「磁気探査」、電気抵抗を計測する「電気探査」、電磁誘導を利用する「電磁探査」、そして波動計測であるGPRに大別できる。より広く、波動計測には弾性波（人工地震波）を利用する地震探査、（超）音波を利用するソナー、レーザ光を利用するライダー(註)（Lidar）そして電波を利用するレーダー（Radar）がある。「地中レーダー：GPR」は波動計測の

（註）レーザーレーダーとも呼ばれる。

図2.3　磁気探査装置の一例（梶栗浜遺跡）

典型的な例である。

どの探査手法を利用するかは、計測する対象の物理的な性質だけでなく、計測に必要な経費や時間などの要素から決定される。こうした観点から遺跡調査には地化学探査、磁気探査、電気探査、電磁探査、GPRなどがよく用いられる。

2.2.　磁気探査

鉄は多くの遺跡で発見される物質であるが、磁石に吸着する性質など特異な金属である。こうした性質をもつ物質を強磁性体と呼ぶが、強磁性体は、永久磁石のように磁気を保つことができる。しかし磁気を持つ強磁性体に熱を加えると磁気が失われる性質（キュリー効果）をもっている。

また純粋な鉄でなく、砂鉄のように土壌に鉄成分が含まれる場合にも、強磁性体の性質が表れる。例えばかまどで高温に熱せられた土壌中の鉄はキュリー効果によって一度磁気を失う、つまり磁石としての性質を失うが、そのまま冷めると地磁気によって再び一定方向に揃った磁気を持つ。この結果、「かまど」跡が磁気を帯びる、つまり磁石になっている場合があり、これを捉えるのが「磁気探査」である。人間が生活した集落跡では、こうした火を使った跡を磁気探査で見つけることができる。また磁気の強さの空間分布の変化を計測して感度を上げるためにアレイ型磁気センサ（差動式磁気計）が利用されている。磁気探査装置は図 2.3 のように比較的小型軽量である。

2.3.　電気探査：電気抵抗計測

電極を地表面に突き刺して電流を地中に通し、電流の流れ方から地層の電気抵抗値を計測するのが「電気探査（比抵抗探査）」である。テスターで抵抗を測るのと同じ原理である。電気探査では電極配置を工夫することで、電気抵抗の水平方向の分布から遺構の広がりを知ることができるだけでなく、深さ方向の構造を推定することもできる。

土壌の電気抵抗は地質の違いだけで無く、土壌に含まれる水分によって大きく変化する。水を含む土壌の電気抵抗は低くなるため、地下水面や地層の境界面などは電気抵抗で計測が可能である。

電気探査は図 2.4 のように電極を地表面に多数打ち込む必要がある点で手間を要する手法であるが、深度 5m 程度までの比較的

図2.4　電気探査装置の一例（東大寺東塔院）

広がりのある遺構の検知に有効な方法である。

2.4.　電磁探査：電磁誘導

10kHz程度までの比較的低い周波数の交流磁界は地中に良く浸透する。地表から地中に浸透した交流磁界（1次磁界）はファラデーの電磁誘導の法則に従い導電性をもつ土壌中に誘導電流を発生する。この電流は渦電流と呼ばれる。渦電流は媒質の導電率に比例して強く流れるが、同時にアンペールの法則に従い2次磁界を発生する。この2次磁界を地表においた受信コイルで検知することで地中の導電率を計測するのが電磁探査である。

交流磁界を発生させるのは、電線をループ状に巻いた電磁石である。直径数 m 以上の大型のコイルを利用して強力な磁界を発生させ、数十 m を超える地下深部の物理探査に利用されている一方、直径 50cm程度以下の小型のコイルを利用した電磁探査装置は、通常「金属探知機」として区別されており、地下数 m の計測に利用されるが原理的には大型の装置と同じ原理である。遺跡調査には図 2.5 に示すような小型の電磁探査装置が有用である。電磁探査も電気探査と同じく媒質の導電率を計測する。図 2.5 はエジプトの神殿での計測であるが、電磁探査では電極を地面に打ち込む必要が無く、また歩きながら計測できるので電気探査に比べて計測は速い。反面、電磁探査のデータ解析はやや複雑で電気探査はより精度の高い計測が行える。

図2.5　電磁探査装置の一例（エジプト ルクソール）

遺跡探査で検知したい金、青銅、鉄などは共通して電気導電率が高く、金属探知機による検知が可能である。一方、各種金属の中で鉄だけが強磁性体であり、鉄だけは磁気探査でも検知できる可能性がある。小型の金属探知機は、古銭など小さい金属も検知できること、また金網などが周囲にあっても、センサー付近だけに感度があるため、周囲の状態に影響されにくい探査手法である。最近私達は、埴輪などに使われる土が鉄分を多く含む場合、金属探知器によく反応することを実験で見いだした。しかし土壌に金属成分が僅かに含まれる「かまど」跡などでは、電磁探査は必ずしも適さない。

遺跡探査においては「電磁探査」と「磁気探査」の両方が利用されているが、名称が類似しているため混同されることがあるが、2つの手法の原理と特徴は全く異なる。

2.5.　地中レーダー (GPR)：波動計測

通常の湿り気をもつ土壌に10kHz以下の周波数のパルス波として電波を送信すると、電波は数km も伝わるが、パルスの形は電磁界の拡散現象により失われてしまう。これに対して100MHzより高い周波数の電波は送信波形を保存しながら波動として伝搬する。従って電波をパルスとして送信すれば物体からの反射波を計測できる。波動の伝搬を利用した計測は原理が簡単であり複雑な信号処理なしで物体の形状推定・物体の画像化（イメージング）ができる。

媒質中で電波は導電率か誘電率が変化する境界面で反射する。つまりGPRは物質の導電率と誘電率をイメージングしている。

導電率と誘電率は媒質中の水分率で変化するため岩体と土壌の地層境界面、土壌の水分率、岩体中の水みち、地下き裂、人工的な埋設物や遺物等などを検出しやすい。また電波が空気中も伝搬することから、破砕帯や空洞中など地震波、超音波が透過しないため利用できない対象も計測可能である。

GPRの特徴を活かした応用は各種目的に広がっている。特に日本では都市部での人工的な埋設物検出（パイプ、ケーブル）や路面空洞調査、コンクリート保全調査などに多く活用されている。これに対して国外では地質調査、氷床、地下水、凍土計測など環境問題への応用例も多く、また近年地雷探査、遺跡探査への利用が活発になってきた。

3. 地中レーダーの基礎

3.1. 地中レーダー（GPR）の原理

GPRは送信アンテナから電波を地中に送信し、地中の物体から反射された電波を受信アンテナで受け、受信信号から地中を可視化する。典型的なGPR装置は図2.2のような台車の底部に取り付けた送受信アンテナを操作者が手で押しながら歩く速度で計測する。操作者はディスプレイに表示される波形から、その場で地下の埋設物の位置を確認できる。GPRアンテナが移動しながら電波を送信し、地下の物体からの反射波を受けるとアンテナと物体の距離によって往復時間が変化し図2.6のようなGPR波形から物体の存在を確認できる。

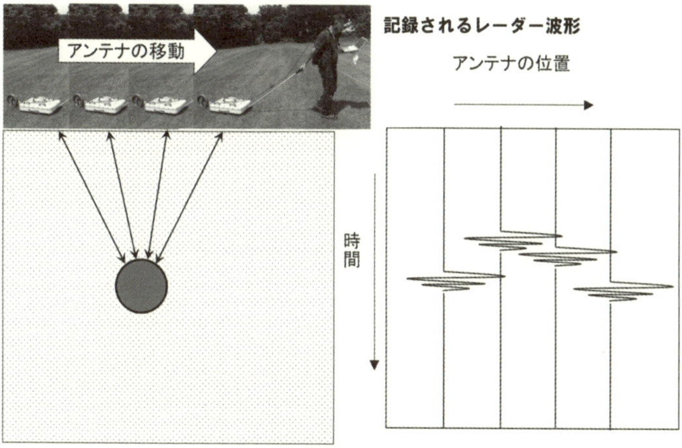

図2.6　GPRの原理

GPR装置は操作者が歩くとき、例えば5㎝ごとに電波を発射する。電波の速度$c = 3 \times 10^8$(m/s)は人が歩く速度である時速4㎞（1.1m/s）と比べて遙かに速いので操作者が歩いていても、移動距離は無視できる、つまり止まって測定したのとほぼ同じ波形が受信できる。1回送信した電波が物体から反射されると図2.7の右側に示したような波形が記録される。この図面では時間が上から下へ経過している。アンテナは地表面から少し浮かせているため、地表面からの強い反射波がまず現われる。これに続いて、地中の物体の深さに比例した時間遅れで、反射波が続く。図2.7の右側では、測定した波形をそのまま表示しているが、振幅を色の濃淡や色調に変換して、アンテナの位置に合わせてすべてを表示したのが図2.7の左側の図面である。この図は「GPRプロファイル」とよばれ、横軸がアンテナの位置、縦軸が反射物体までの電波の往復時間を表す。

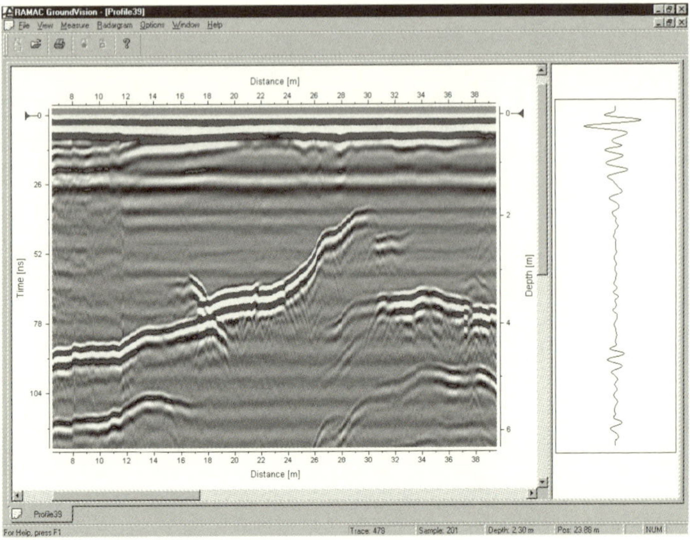

図2.7　GPRプロファイル

3.2.　地中レーダーの実用例

図2.8は、モンゴルの首都ウランバートルを流れるトーラ川の近くで測定したGPRプロファイルである。時刻120ns付近に水平に地下水の上面が確認できる。また水平位置5m、15m、25mなどで見られる山形の波形は、この位置に玉石が埋まっていることを示している。こうした地下の様子が一目でわかるのが地中レーダーの最大の特長である。また、このGPRプロファイルは水平距離30mの範囲の地下の状況を示しているが、このデータを取

得するためには、この距離を歩く時間、つまり1分もかからない。測定時間の短さと、その場で直ちに埋設物の位置を確認できることがGPRの優れた点である。

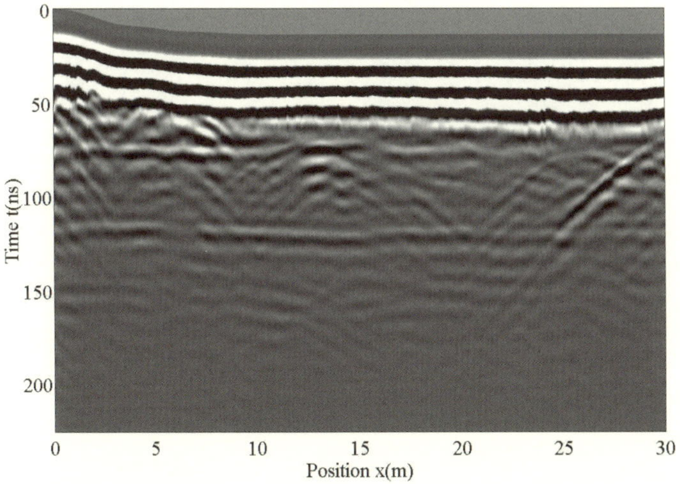

図2.8　モンゴルの首都ウランバートルを流れるトーラ川の近くで測定したGPRプロファイル

地中レーダー装置の操作は簡単で、また装置も小さいので商用の装置を使えば図2.9のように小学生でもデータをとることができる。しかし、地中レーダーのデータを正しく理解して使いこなすのは、ある程度の基礎知識と経験が必要ある。

図2.10に商用GPR装置の一例を示す。レーダーはカート型のタイプ、箱形のアンテナを引きずるタイプ、小型のアンテナを手

図2.9　出前授業でGPR計測を行う小学生

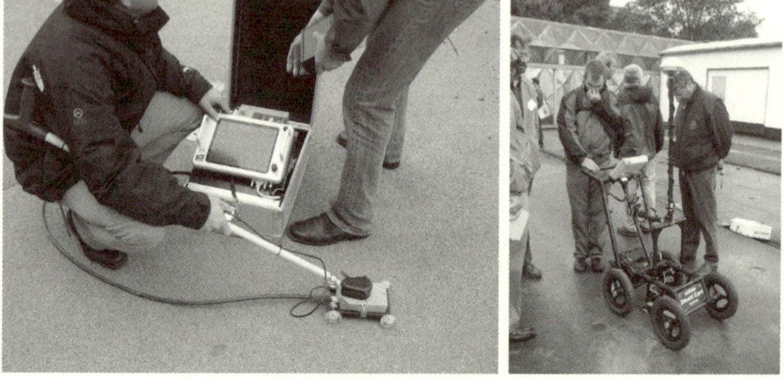

図2.10　商用GPRシステムの例

図2.11　カンボジアの地雷原で活動する東北大学が開発した地雷検知器ALIS（エーリス）

で動かすタイプなどがある。GPR装置は目的に応じた大きさや形状があるが、原理はすべて同じである。

東北大学の研究グループでは、2014年現在カンボジア政府に協力し、GPRを使った地雷検知・除去活動を行っている。図2.11は東北大学が開発した地雷検知器ALIS（エーリス）がカンボジアの地雷原で活動している場面である。ALISには金属探知機とGPRの2つのセンサーが組み込まれている。金属探知機は遺跡調査でも利用されている電磁探査装置と同じセンサーである。遺跡調査に利用する電磁探査装置には電磁界を送受信する大型のコイルも利用されているが、地雷検知に使われる金属探知機の送受信コ

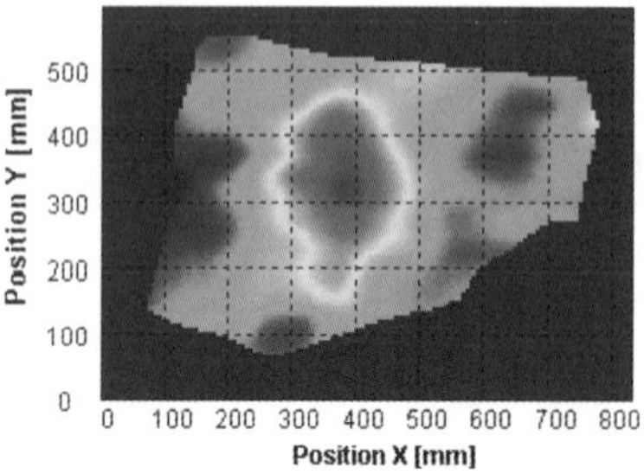

(a)ALISのGPR画像

(b)旧ソ連製対人地雷PMN-2

図2.12　ALISが画像化した地雷

図2.13　ALISが発見した対人プラスチック地雷（2009年7月、カンボジア）

イルは10㎝四方程度の小型である。図2.11の操作者が持つハンドルの先端には金属探知機の直径20㎝ほどの送受信コイルと直径8㎝程度のGPR用送受信アンテナが装着されている。操作者はハンドルを地面の上にかざしながら、金属反応を捜す。プラスティック地雷と呼ばれる地雷にも小さな金属部品が使われているので、この上をセンサーが動くと操作者は金属探知機の音で金属の場所を検知できる。地雷原には、非常に多くの薬莢（やっきょう）やワイヤーの切れ端などの金属片が落ちている。地雷原と呼ばれる地雷が密集する場所でも、1個の地雷を見つけるためには1000個以上の金属片を捜さなければならない。そこで、ALISは金属探知機に加えて金属と地雷の識別のためにGPRを利用する。操作者は金属反応があった場所の周辺50㎝四方程度の範囲でALISのセンサーをくまなく動かし、地中レーダーのデータを取得する。1分ほどでデータを取ったら、すぐにALISの装備されるPCでデータを処理し、画像化する。図2.12にこうして得られたALISの画像を示す。地中レーダーはプラスティック地雷のケースからの電波の反射を捉えるので、ケースの丸い形がそのまま見て取れる。薬莢やワイヤーでは、金属反応は地雷と同じように出るが、物が小さいので地中レーダーには明瞭な画像としては現われない。この違いを操作者は判断し、地雷を識別する。カンボジア地雷原は図2.13のように荒れた土壌であり、地中レーダーを利用して地雷除去に成功した例は世界的にも極めて少ない。私達は2009年以来2台のALISをカンボジア政府に貸与し、2015年現在、80個以上の地雷検知に成功している。

私達の開発したALISによる地雷検知では、電磁探査とGPRという2つのセンサーを組み合わせて利用している。遺跡探査でも、性質の違う複数のセンサーを併用することで、より優れた探査が可能になる場合がある。

表2.1　地中レーダーの応用

埋設物検知	環境・農業
・パイプ・ケーブル	・地下水
・投棄物	・土壌水分
非破壊検査	・樹木、根の計測
・コンクリート	地質・資源調査
・建造物	遺跡探査
・トンネル	・埋設物
路面保全	・構造物内部可視化
・舗装状態	社会安全
・空洞検出	・インフラモニタリング
土木・建設	・壁面透過レーダ
・地盤調査	・人道的地雷検知除去
・掘削前方監視	

GPRの応用例を表2.1にまとめる。これまでGPRは舗装道路の下に埋設されたガス管や水道管を検知することに活用されてきた。更に最近では鉄筋コンクリートの内部の鉄筋を調べたり、コンクリートの健全度調査にも用いられている。このような工業的な利用に対して、環境や農業分野での利用も研究されている。

3.3.　地中レーダー計測の特徴

GPRの遺跡調査への応用は1980年代から始められている。初期のGPR装置はデータをデジタル的に保存できず、画面を見て判断するか波形を印刷して記録した。PCの発達により現在の

GPR装置はデータをデジタル的に記録し、またPCを使って処理することで高品質のデータが得られるようになった。合わせて画像処理や表示の技術の向上により、データは非常に見やすくなっている。

それでもGPRを有効に利用するためには、幾つかの原理的なことを理解しておく必要がある。これによって、これまで見えなかった物も見えるようになる。

GPRの一つ目の特長は小さな物を、すばやく見つけることにある。GPRは10㎝程度の土器のかけらを見つけることができ、人が歩く速さで測定を行いながら地下の様子を目で見ることができる。このような高速な地下計測ができる手法は他に無い。

二つめの特長はGPRが金属、非金属を問わず検知できることにある。これが電気探査や電磁探査などの方法と大きく違うところである。電波は金属からだけ強く反射されると思われているかもしれない。これは正しいのであるが、電波は非金属や絶縁性の物質からも反射される。また物質の含水率によって電波の反射が大きく変化するから地中レーダーは水に対する感度が高い。

一方でGPRの最大の弱点は、探査深度が浅いことにある。古墳のように条件が良ければGPRは5m以上の深さを探査できるが、湿った土壌では1m程度が限界である。この性質を決めているのも物質に含まれている水の影響である。

3.4.　土の中を伝わる電波の性質

まず土壌に含まれる水がGPR計測の性能に、どのように関わってくるかを説明する。土壌や遺跡の中の遺物を含めて、あらゆる物質の電気的な性質は、導電率、誘電率、透磁率の3つで表すことができる。GPRではこのうちの誘電率が重要な役割を果たしている。

海水は電気を通すがこれは水に溶け込んだ塩がイオンとなって電気を運ぶためである。川の水のように溶け込んだ物質を多く含まない水は電気を通しにくい絶縁体である。絶縁体のことを専門的には誘電体と呼び、物質の性質を誘電率で表す。誘電率は ε（イプシロン）で表記される。また物質の誘電率を真空の誘電率で割った値を比誘電率とよび、ε_r と表記する。本書では以降すべて比誘電率を使って説明をする。

電波は空中をよく伝わり携帯電話やテレビ放送に使われている。ところが電波は物体の中でも絶縁体であれば良く伝わることができる。空中（厳密には真空）を伝わる電波の速度は $c = 3 \times 10^8$（m/s）であり一定である。これは速すぎて使いにくいので、GPRではよく、$c = 0.3$(m/ns) の単位を利用する。nsは（ナノ・セカンド）のことで 10^{-9} 秒、10億分の1秒を表し、この間に電波は0.3mつまり30㎝進む。ところが比誘電率 ε_r をもつ物質の中で電波は $v = \frac{c}{\sqrt{\varepsilon_r}} = \frac{3\times10^8}{\sqrt{\varepsilon_r}}$ (m/s)であり、比誘電率は1より大きいので電波の速度は物質の中では遅くなる。

レーダーは電波の反射を使って目標物までの距離を測るが、レーダーが直接測るのは電波が目標物まで往復伝搬時間である。飛行機のように空中にある目標物では、往復の伝搬時間 τ (s) を使えばレーダーから目標までの距離は $d = \frac{c\tau}{2}$ (m)として計算でき

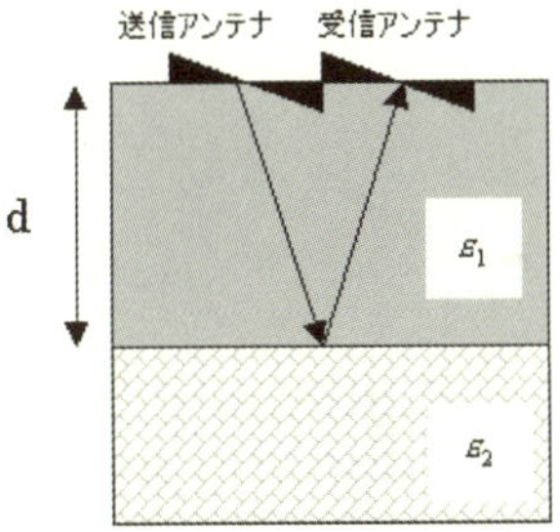

伝搬時間と反射体までの深度

$$d = \frac{v\tau}{2}(m)$$

２層境界面の反射係数

$$\Gamma = \frac{\sqrt{\varepsilon_1} - \sqrt{\varepsilon_2}}{\sqrt{\varepsilon_1} + \sqrt{\varepsilon_2}}$$

図2.14　電磁波の反射

る。しかし土壌のような物質中では、電波の速度が比誘電率で変わるので、$d = \frac{v\tau}{2} = \frac{c\tau}{2}\frac{1}{\sqrt{\varepsilon_r}}$(m)としなければならない。つまり、比誘電率がわからないと目標物の深度が決定できない。

地中レーダーでは比誘電率はもうひとつ重要な役割を持っている。図2.14は深度dに、竪穴式住居の床面のような地層の境界面がある状態をモデル化している。上の地層の比誘電率がε_1、下の地層の比誘電率がε_2であるとする。電波が地層境界面に当たったときの反射の大きさを示す反射係数は$\Gamma = \frac{\sqrt{\varepsilon_1} - \sqrt{\varepsilon_2}}{\sqrt{\varepsilon_1} + \sqrt{\varepsilon_2}}$で表せる。やや複雑に見えるが、比誘電率$\varepsilon_1$と$\varepsilon_2$の比率が大きいほど電波の反射が強くなることを示している。

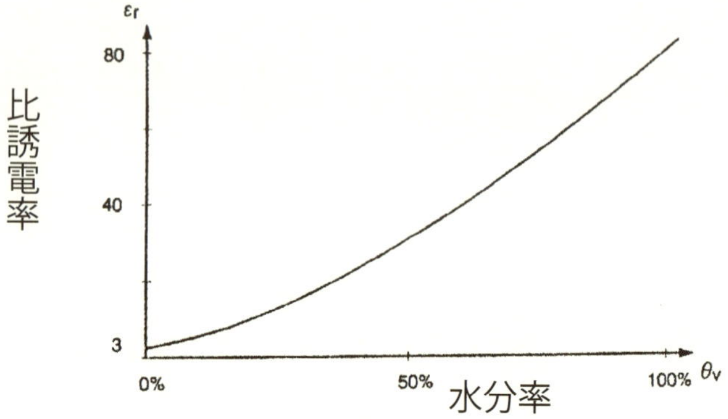

図2.15　土壌水分率と比誘電率の関係を表すToppの式

遺跡調査で発掘を行う場合、地層の色の違いで地層の境界面を判断する。地層の色の違いは地質の違いを表しており、例えば他から運ばれた土が堆積していることを示している。地質が違えば比誘電率も違うから地層境界面をレーダーで捉えることができる。

しかしそれに加えて比誘電率は土壌の水分率によっても大きく変化する。図2.15は、土壌に含まれる水分率と比誘電率の関係を示したToppの式を図示したものである。横軸は土壌水分率を表すが、完全に乾燥したつまり水分率0の土壌は地質に関係なく、ほぼ比誘電率は3程度の値を持つ。乾燥した土をバケツに入れ、水をだんだん足していく状況を考えてほしい。グラフは右にいくにつれ、水を加えていったことに相当し比誘電率はほぼ直線的に増加していく。そして非常に多くの水を加えると水分率が100%

図2.16　TDR装置

に近づき、水の比誘電率81に達する。

自然界では水が突出して高い比誘電率をもっている。このため、土壌の比誘電率は図2.15に示されるように、ほぼ土壌の水分率に比例している。

我が国の土壌は比較的湿潤状態にあり、水分率は20%から40%くらいの値、比誘電率ではおよそ9から25の間に分布する。現場での土壌水分率は図2.16に示すTDR装置を用いて容易に計測できる。

電波の反射が水分率の違いで生じるので、同じ土壌でも突き固められた状態が違う2つの地層が境界で接していれば、ここでも電波は反射する。こうした状況は、例えば古墳を段階的に築きあげていくときなどに現われる状態であり、地中レーダーではこのような地層の段をうまく捉えることができる場合がある。

電波は誘電率の違う境界面で反射するが、これとは別に、金属の表面でも強い反射を受ける。もし大きな金属板があったとしたらその反射係数はΓ =-1であり、そのような誘電体よりも強い反射を起こす。

3.5. 地中レーダーでどのような遺跡が見えるのか

以上をまとめると地中レーダーが見ているのは金属を除けば誘電率の違いでありその原因は含水率の違いに起因する。地質が違うと、水分率も違うため、境界面での反射が発生しやすくなる。しかし、反射の原因は地質そのものでは無い。ここが発掘で地層境界を確認するのとレーダーで境界を見つけることとの違いであり、地層の色が違っても誘電率が違うとは限らない。逆に地層の色は同じでも誘電率は違うかもしれない。こうした違いは土壌の圧密の違いが水分率の違いを起こしていると考えられる。

遺跡調査で地中レーダーが見つけやすい物体は

- 玉石や砕石
- 木片
- 金属
- 竪穴式住居の跡
- 土に掘った穴の跡
- 陶磁器の破片

などである。いずれも、周囲の地層と比誘電率の違いが生じている可能性がある物質である。例えば竪穴式住居の跡や、土に掘った穴の跡は一度掘りこまれた土壌の上に後から別の土が埋められた状態と考えられる。

電波は周波数が変わると伝わり方や反射の性質が変化する。携帯電話でプラチナバンドという広告を聞いたことがあるだろうか。空中を伝わる電波が、新しく使えるようになった800MHzでは、建物の陰にまで電波が入り込みやすいので電話が繋がりやすくなるために、このような呼び方が生まれた。

水は絶縁体であると説明したが、土壌に水を加えると土壌に含まれる物質が水に溶け出してイオンとなるため、土壌自体は僅かであるが電気を通す導電性を持つようになる。電波は導電性の物質のなかでは、電波のエネルギーが熱に変化するため、電波が伝わると同時に、減衰が生じてしまう。家庭で使われる電子レンジは、食品に含まれる水分に電波（マイクロ波）を当てて、電波のエネルギーを熱エネルギーに変えることで加熱している。地中レーダーから放射された電波は、湿った土を暖めることになる。ただし、この熱はあまりに微かなので、土の温度が上昇したりすることは無い。

僅かに導電性を持つ土壌の中を伝わる電波は、周波数が高いほど同じ距離を進んだ場合に電波が減衰する。しかしこれとは逆にレーダーは周波数が高いほど小さな部分を見分ける能力が高まる。

電波の周波数fは波長λに反比例し、$\lambda = \frac{v}{f}$(m)と表現できる。

vは電波の速度である。（p186 コラム：周波数と波長参照）

電波は波長が長いほど深くまで届くが、小さな物体を識別しにくくなり、波長が短いほど小さな物体を見分けられるが深くまで届かないという、波長に対して（周波数に対しても）相反する性質をもっている。この関係を示すのが表2.2である。

表2.2　レーダーの性能を決める要因

周波数	低い	ー	高い
波長	長い	ー	短い
減衰量	小さい	ー	大きい
分解能	低い	ー	高い
探査距離	大きい	ー	小さい

この性質は物理法則が決めているから、どんなに優れた地中レーダー装置でもこの問題を本質的には克服することはできない。しかし、地中レーダーで計測したい物体の大きさと深さが定まった場合に、この条件の下で、最適な波長を選ぶことが重要になる。（p186 コラム：レーダー分解能参照）

自然界には水を含まない絶縁性の地層も存在する。例えばドイツなどに分布する岩塩は全く水を含まない。原子力発電所の廃棄物を地層中に処分するための研究では岩塩中でGPRの電波は数km届くことが実証されている。水は電波を減衰させるが、水が凍って氷になると水の分子の運動が妨げられるため、絶縁体になる。例えば南極の氷では2km程度の氷層の底をGPRで検知している。

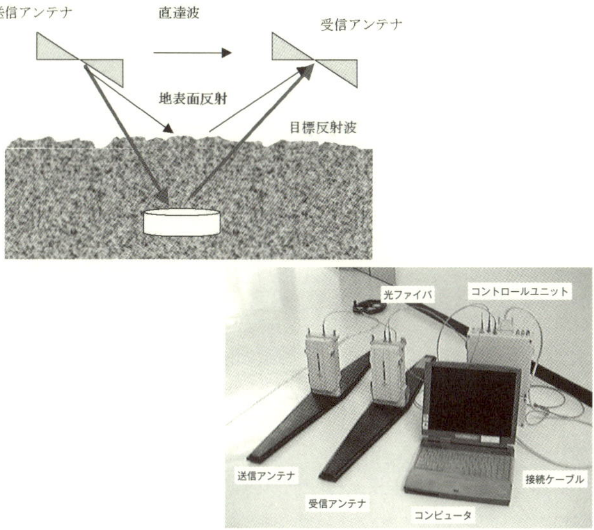

図2.17　レーダーシステム

3.6.　地中レーダー装置

現在、多くの種類の地中レーダー装置が販売されている。図2.17はその一例であるが、送受信アンテナとそれらを制御するコントロールユニットがそれぞれの箱に収まり、PC（パーソナル・コンピューター）とコントロールユニットはイーサネットやUSBのようなコンピューター・インターフェイスで接続され、コントロールユニットとアンテナはこのシステムでは光ファイバで接続されている。多くの商用地中レーダーシステムは、図2.10の様にこれらが一体化されており、中身を見る機会は多くない。

送信アンテナから放射された電波は地中を伝わり、目標物で反射を受けて受信アンテナに戻ってくる。本来地中レーダーでは反射波だけを測定したいが、実際にはそれ以外の波形が同時に測定されてしまう。まず、送信波は、すぐ近くにある受信アンテナに直接到来する。これを直接波と呼ぶ。また地中に向けて送信された波形は、地表面から強い反射を受ける。空気の比誘電率は1で、もし仮にやや湿った土壌が比誘電率25をもつとすれば反射係数は$\Gamma = \frac{\sqrt{\varepsilon_1} - \sqrt{\varepsilon_2}}{\sqrt{\varepsilon_1} + \sqrt{\varepsilon_2}} = \frac{1-5}{1+5} = -\frac{2}{3}$となる。送信波の2/3は地表面で反射して地中には到達できないことになる。実際には地表面の強い反射を防ぐためにアンテナを地表面に密着して使うように装置は設計されているが、それでも強い地表面反射波が受信信号に含まれる。同時に、こうした理由により、アンテナを地表面から離して測定を行うと、通常とは全く異なる波形が観測されてしまう。同時に、電波は空中に漏洩するので、アンテナは必ず地表面に置かれた状態で測定を行わなければいけない。

図2.18は、地中レーダーシステムの一例である。大きさの違う箱がたくさんあるが、これらは一つ一つ違った周波数で動作する地中レーダー装置のアンテナである。地中レーダー装置は多くの場合、複数のアンテナが用意されており、ユーザーが使用するアンテナを選ぶことができる。アンテナの種類は周波数で識別されており、例えば100MHz（メガヘルツ）、250MHz、500MHz、800MHz、1.5GHz（ギガヘルツ）などのようになる。ここでM（メガ）は10^6、G（ギガ）は10^9を表わす。こうしたたくさんの種類のアンテナが用意されている理由は、前節で説明した使用目的に適合した波長（周波数）を選ぶ必要があるからに他ならない。

図2.18　周波数ごとに大きさの異なるGPRアンテナ

地中レーダーではアンテナに時間幅の非常に短いインパルス電圧をかけるが、このときアンテナの長さに対応した共振周波数をより強い電波として放射する。図2.19(a)には、100MHz用の地中レーダーシステムから送信される実際の電波の波形を示している。送信波形には、5回程度の振動が含まれている。この波形を周波数解析したのが図2.19(b)スペクトル図である。100MHzに周波数のピークがあるが、50MHzから500MHzまでの非常に広い周波数帯域に信号が含まれていることがわかる。地中レーダー装置のアンテナの周波数は、ここに示したように、送信電波が最大のエネルギーをもつ周波数、いわば中心周波数を示しており、携帯電話やテレビ放送のように、単一の周波数を利用しているわけではなく、非常に広い周波数帯域を利用していることに特徴がある。

こうした形式をUWB(Ultra Wide Band) レーダーと呼ぶことがある。

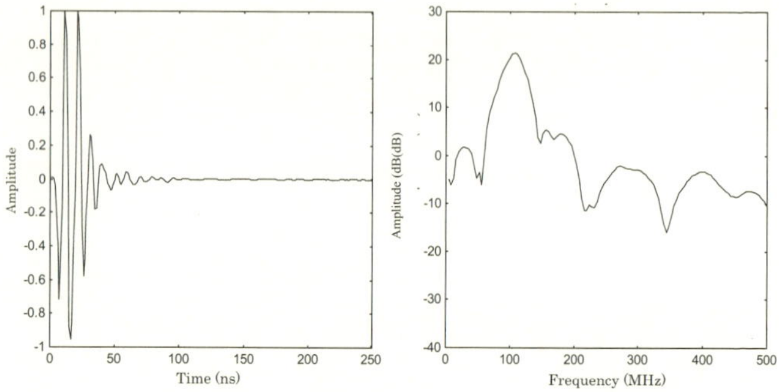

(a) 送信波形　　(b) スペクトル

図2.19　GPR装置から送信された電波の波形

同じ埋設管を異なる周波数のアンテナを使って測定した結果が図2.20である。高い周波数（800MHz）、中くらいの周波数（500MHz）、低い周波数（250MHz）の3種類の結果が示されている。どの周波数がもっとも良いかは何を見たいのかによっても変わってくる。埋設管を見るのが目的であれば、中くらいの周波数が最も優れていると思う。双曲線はあまり広がりがなく、一番深い6本目まで明確に見えている。最も低い周波数では、一番深い埋設管まで見えるだけでなく、埋設管を埋めるために掘られたトレンチ（溝）の底面が埋設管の下に見えている。深い構造を見るのに最も適していることが分かる。しかし、埋設管を見るには、ややリンギング（第2章3.8項参照）が大きく、波形が広がりすぎているように思える。最も高い周波数では埋設管は4本しか見

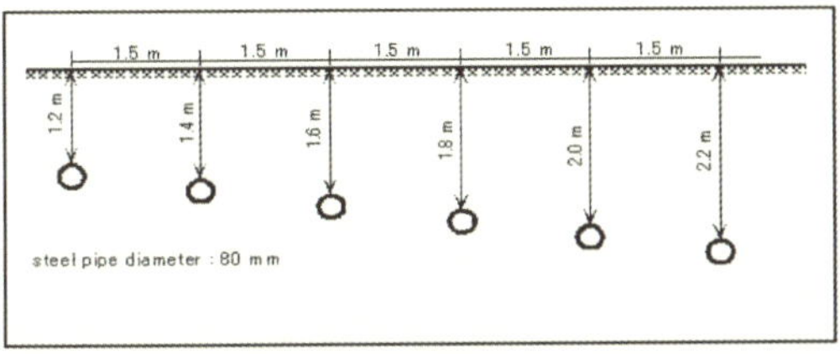

(a) 金属製埋設管の配置

(b) 高い中心周波数(800MHz)

(c) 中程度の中心周波数(500MHz)

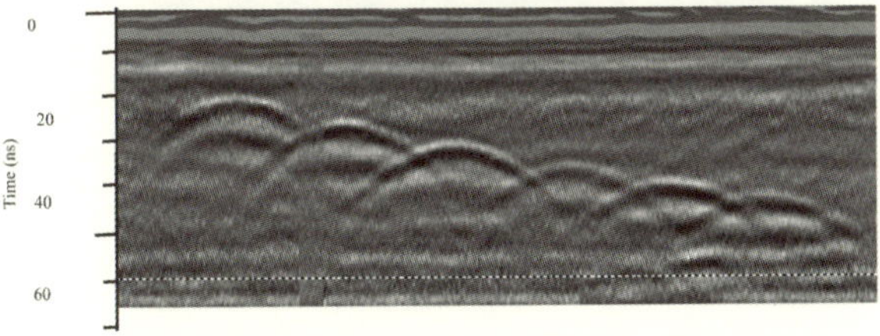

(d) 低い中心周波数(250MHz)

図2.20　異なる周波数でのGPRプロファイルの違い

(a) 決まったアンテナ位置毎にデータを取得

図2.21　距離測定の方法

えず、地中での電波の減衰が強いことがわかる。この場所では地表面はコンクリート舗装されている。最も高い周波数ではコンクリートの層の構造を見ることができる。他の周波数ではこうした細かな様子はわからない。

3.7.　GPRデータの取得

GPRのアンテナを動かしながらデータを取得することをアンテナを走査すると呼ぶ。通常は人間がレーダアンテナを手で引き一直線に設定した測線上を走査する。アンテナの走査ではアンテナがどの位置でデータを取得したかをできるだけ正確に記録する必要がある。通常は、測線に沿って張った巻き尺に沿ってデータを取得する。巻き尺が金属製だとGPRプロファイルにこの反射

(b) 車輪の回転から移動距離を計測

図2.21　距離測定の方法

(c) 糸巻きから繰り出される糸の長さでアンテナ位置を計測。
GPR アンテナの後ろに糸巻きが固定されている。

図2.21　距離測定の方法

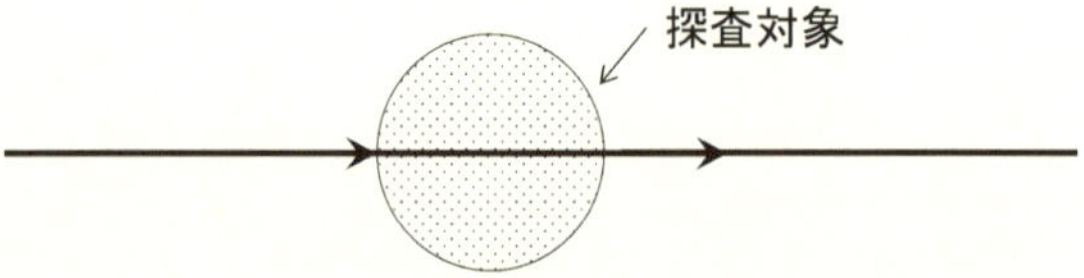

(a) 1次元走査

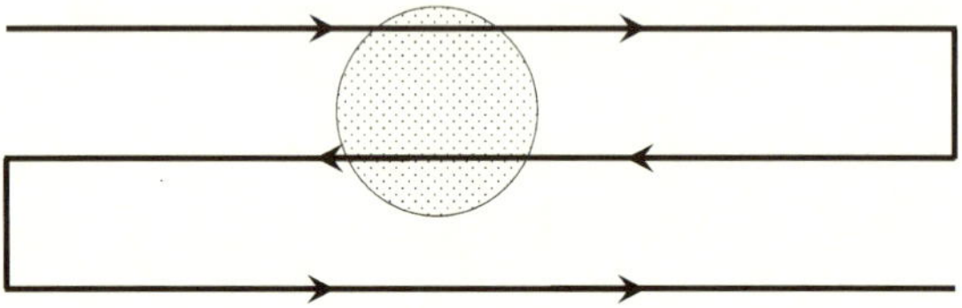

(a) 2次元走査

図2.22　1次元走査と2次元走査

が含まれてしまう。測線に沿った距離は

1. 決まったアンテナ位置毎にデータを取得する
2. 車輪の回転から移動距離を計測する
3. 別に設置した糸巻きからの糸をアンテナに付け、アンテナの移動と共に伸ばされた糸の長さを測り、移動距離に換算する
4. 一定の時間間隔でデータを取得しながら一定の速度で走査する
5. GPS を利用する

などの方法が利用されている。1の方法は地表面の凹凸が激しく

草が生えていても位置精度は高いが、一度ずつアンテナを止めるため計測時間が長くなる。地表面が平坦な場合、2の方法が最も計測が効率的である。車輪がスリップする様な場合、2の方法では距離が不正確なので3の手法が用いられる。4の手法は簡易であるが、やや不均等なデータ間隔になる。5の手法が最も優れているように思われるが、実際の計測ではいくつかの問題がある。まず、GPSでは通常数m以上の位置誤差が含まれる。また林の中や建物の近くではGPS電波の受信状態が悪く、計測不能の場合もある。また第3章で詳述するが、GPS計測では高精度なCスキャンのデータ取得は難しい。

また図2.22のように並行に測線を設置し、2次元的な走査をすることで、遺跡の平面的な広がりを捉え得ることが可能となる。

3.8.　GPRプロファイル：地中レーダーの波形表示の方法

図2.19の波形のようにGPR送信波形が振動をもつのは、例えば100MHzでアンテナが共振して強く電波を放射していることに依るのであるが、この現象は地中レーダーの波形に問題を起こす。一般的に地中レーダーで取得した波形は図2.23のように画面上に表示される。このような波形表示はBスキャンとも呼ばれ、BスキャンをGPRプロファイルと呼ぶ。Bスキャンでは横軸はアンテナの移動した位置、縦軸は地表面からの深さを示している。第2章3.1項で説明した通り、レーダーは電波の反射時間しか測定していないが、地中の電波の速度vを仮定することで、

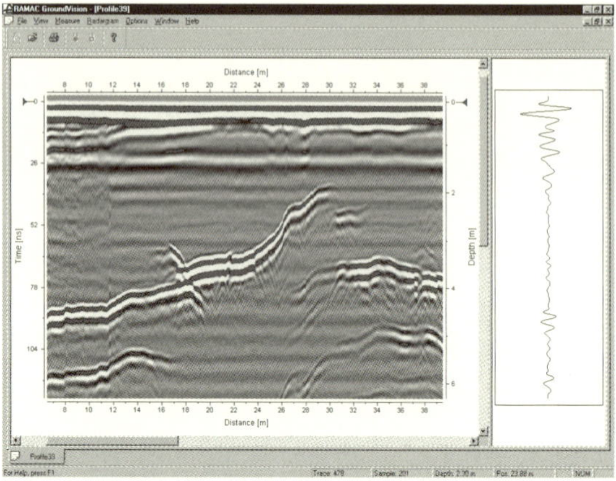

Bスキャン　　　　　　　　　　Aスキャン

図2.23　GPRプロファイルの表示法

$d = \frac{v\tau}{2}$ (m)として埋設物の深さを計算して縦軸を深度で表示できる。画像の表示では縦軸を時間か深度を選択できる。深度の方が直感的な理解がしやすいが、仮定した速度が例えば10%実際の速度と異なっていれば、表示される深度も10%誤差を含むことになる。実際には地中の伝搬速度はばらつきが大きいので、速度の仮定には20-30%程度の誤差が含まれている。

図2.23ではBスキャンの右側に1回の送信パルスで得られた受信波形であるAスキャンを示している。レーダー計測は、アンテナを移動しながらパルスを連続的に送信し、例えば1㎝進む毎に波形を受信し、波形の大きさを色の濃淡に変えて、1本の線としてBスキャンに表示する。Aスキャンの波形はやはり振動的な

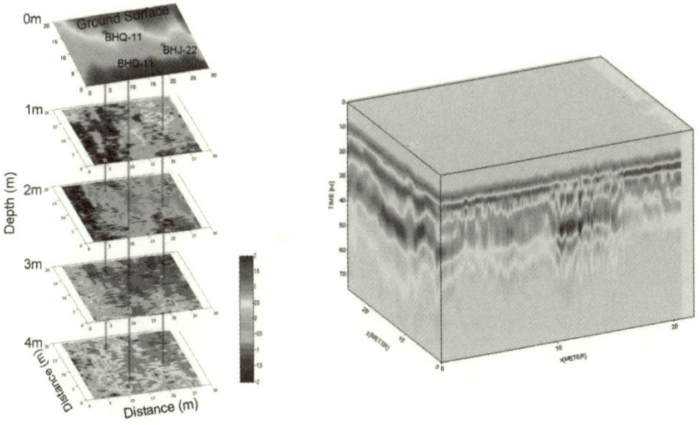

Cスキャン　　　　　　　　　3次元表示

図2.24　GPRプロファイルの表示法

信号が含まれている。これが、アンテナの共振によるものであり、地中レーダーではこの現象をリンギングと呼ぶ。リンギングとは、本来、鐘の音色が共振しているように振動しているという意味である。Bスキャンでリンギングは、横方向に続く平行な層状に現われる。地質や遺跡の構造によっては、堆積構造が層状に現われることもあるが、地中レーダーのリンギングと実際の水平構造は類似しており、気をつけて識別する必要がある。一般的にこうした層構造がGPRプロファイルに現われた場合、まずはリンギングの可能性を検証すべきである。実際の堆積による水平構造がリンギングの中に含まれてしまう場合、高度な信号処理を使わなければ分離することは難しいが、リンギングは、どのような場合でも平行に現われるのに対し、堆積構造は必ずしも平行ではないため、僅かでも波形の変化が見られることがある。地中レーダーの波形観察ではこうしたところを見分ける必要がある。

地中レーダーは多くの場合、一直線の測線に沿ってアンテナを動かし、B スキャンの波形を表示する。B スキャンは水平 1 方向と深度方向の 2 次元データであり、また地面に対して地中を測線に沿って切り取った垂直断面図とみることができる。一方、図 2.22(b) のように地表に平行な測線を何本も用意し、その上を繰り返し測定することで、水平 2 方向と深度方向の 3 次元データを取得することができる。図 2.24 にはこのようにアンテナを 2 次元走査して得られたデータから作られた 3 次元データを示す。一度 3 次元で取得されたデータを利用し、蓄積されたデータをコンピューター処理することで、地表面に水平にレーダー波形を切り取る水平断面図を作成することができる。これがCスキャンである。遺跡調査では、遺構の水平的な広がりを捉えることが重要であり、2 次元走査による GPR データの 3 次元表示が次第に多く利用されるようになっている。しかし、2 次元走査は、精度の高い走査を行わないと、思ったような 3 次元のレーダー画像が得られない。3 次元のレーダー計測については、第 3 章でより詳しく説明する。

3.9. GPR波形の特徴

図 2.25 は 6 本並んで異なる深度に埋設された金属管の GPR プロファイルである。1 つずつの金属管に対して対称に上向きに凸の山形の波形が現われている。この波形は数学的には双曲線と呼ばれる。しかし、よく観察すると、双曲線は実際の埋設管より遙

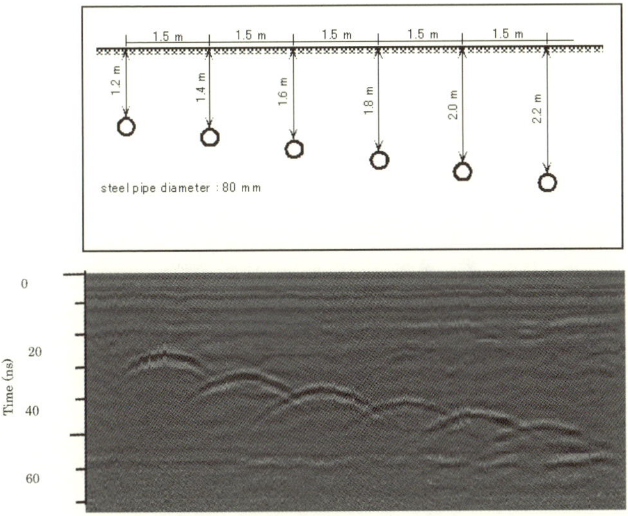

図2.25　埋設管からのレーダー反射波

かに広く裾野をもっていることがわかる。埋設管は双曲線の頂点に位置している。それぞれの金属管の水平、垂直の位置は、GPRプロファイルの双曲線の頂点の位置から精度良く読み取ることができる。これに対して図2.23に示したような水平に広がる地層では、ほぼ地層の深さに追従した波形がGPRプロファイルに現われる。

地中レーダーのデータを見る上で誤判断を避けるコツを以下にまとめる。

1. 地表物体の反射が紛れ込むことがある。建物や金網の近傍で注意

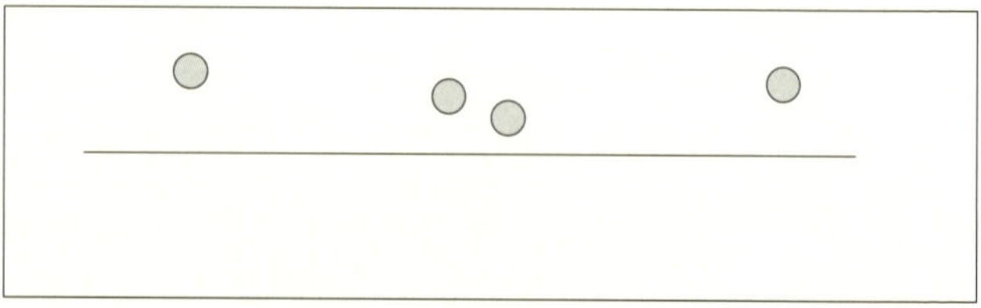

(a) モデル図

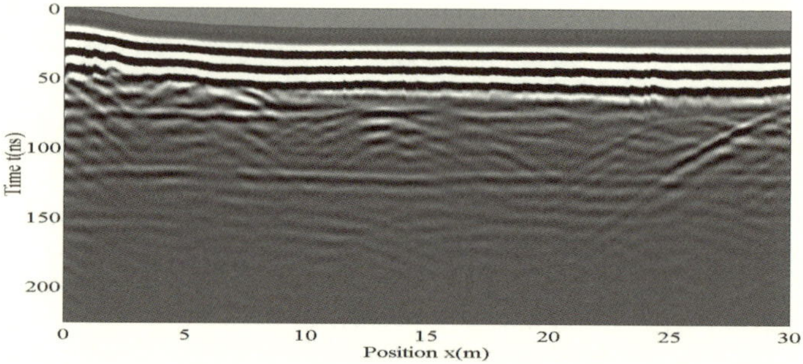

(b) GPRプロファイル

図2.26　水平面と石などからのレーダー反射波

2. 波形は振動的である（リンギング）。平行な地層境界と類似している
3. 埋設物の形状とレーダー波形が一致しない場合がある
   - 地層面はそのままの形状
   - 小さい物体は広がりを持った波形で現われる。
4. 振幅強調で深い場所の物体検知ができる。最小限の信号処理が必要

3.10.　GPR信号処理

双曲線の波形は、埋設管だけでなく図2.26の例にも見られる

ような石が埋まっているような場合にも見られる地中レーダー測定では、非常に典型的な波形の例である。見慣れてしまうと、双曲線が現われれば埋設管か石というように、判定ができるようになるが、そのような知識がなければ、ここには蒲鉾のような幅が2mにおよぶ大きな物体が埋まっていると勘違いするかもしれない。もし、埋設管が数本ではなく数百本埋まっていたらこのGPRプロファイルはどうなるだろうか。双曲線が数百も重なって現われると一つずつの波形を読み取ることは不可能になる。こうした問題を解決するのが信号処理である。

信号処理と聞くと大変難しそうに聞こえるが、実際にはコンピューターが自動的に処理する部分が多く、使い慣れればそう難しいものではない。また商用地中レーダー装置では、予め用意された信号処理を行った上で、画面表示を行っている場合もあるが、通常専用の簡易な信号処理用ソフトウエアが組み込まれている。

図2.27に信号処理の例を示す。このデータは耕作地で何本かの排水用のパイプが埋設されている場所で取得した。原波形（a）では全体に波形の変動が見られるが、あまり明確ではない。(b）の波形は原波形に対して、「時刻移動」と「平均値除去による直達波除去」ならびに「AGC」を処している。

測定した波形には時間軸が表示される。時刻0とは、本来アンテナから電波が放射された時間を示すが、実際には原波形の時間軸は測定の状態によって移動している。3.6節（図2.17）で説明したように受信波形の生波形で一番先に現われるのは送信アンテナからの直接波と地表面からの反射波である。もし送受信アンテナの間隔が30㎝であれば、空中を伝わる直接波は1nsに現われる。

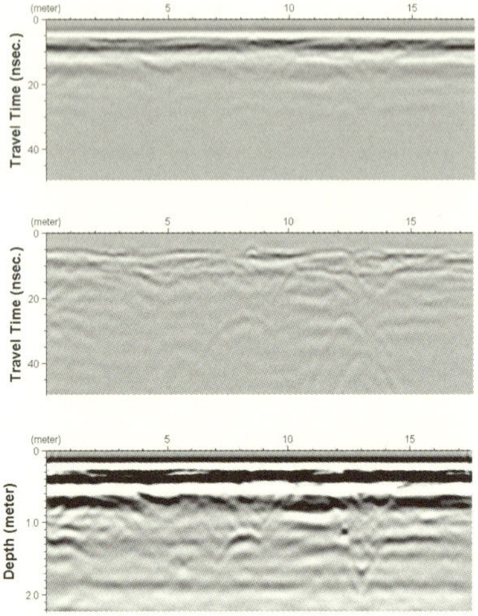

(a) 原波形

(b) 時刻移動、平均値除去による直達波・地表面反射波の除去とAGCによる振幅強調

(c) マイグレーション処理による地下埋設物構造推定

図2.27　GPRプロファイル と信号処理

そこで、生波形の最初に現われる強い波（この波形はアンテナの位置に依らずいつも一定の時間に現われるのでBスキャンでは水平な信号になる）が1nsに来るように時間軸を調整する。これが「時刻移動処理」である。

次に、埋設物からの反射波を観察するのに邪魔となる直接波と地表面反射波を抑圧する信号処理を行う。直接波はアンテナの間隔が一定なので常に同じ波形として現われる。また地表面が舗装されていたり、ある程度平滑な場合にはアンテナが移動しても一定の距離にある地表面からの反射波はやはり同じ時間に現われる。図2.27をはじめ図2.7、2.8などいずれもGPRプロファイルでも時刻0付近に現われる水平の強い信号は、この直接波と地表面反射が原因である。Aスキャンの波形はアンテナが移動しても変化しない直接波と地表面反射にアンテナが移動する毎に変化する目標物からの反射波を足し合わせた波形と考えることができる。工学ではこれを波形のモデル化と呼ぶ。ここで、測線に沿ってたくさん計測された波形を平均するとアンテナが移動しても変化しない直接波と地表面反射は平均をとっても直接波と地表面反射として残るが、アンテナが移動する毎に変化する目標物からの反射波は多数の波形を平均すると信号がお互いに相殺して、ほぼ振幅0の波形となる。つまり、多数の波形の平均値は直接波と地表面反射とほぼ同じ波形となるわけである。この波形を今度は、元の一つずつのAスキャンは波形から引き算処理を行う。これが「平均値除去処理」である。図2.27で見られるように平均値除去をすることで、時刻0付近の水平な波形が消え、浅い場所にある反射波もくっきり見えるようになる。

地中レーダーの反射波は、深い深度の物体からの反射波ほど、地中を長い距離伝搬するため、より大きな減衰を受ける。つまり、同じ物体が違う深度に埋まっていると、深い物体からの反射波が弱まる。この現象を補正するのが「AGC処理」である。AGC: Automatic Gain Controlは、深度ごとに変化する反射波の信号強度がほぼ一定になるように反射波強度を自動的に補正する処理である。図2.27（b）の波形はAGC処理を行っているため、浅い反射波も深い反射波も同等にくっきり見えている。このGPRプロファイルでは30ns位の深さで7m、12m付近に頂点を持つ明確な双曲線が見える。土の比誘電率を25（やや湿った土壌に相当）に仮定すれば埋設管は $d=\frac{v\tau}{2}=\frac{c\tau}{2}\frac{1}{\sqrt{\varepsilon_r}}=\frac{0.3\times 30}{2\times 5}=0.9(\mathrm{m})$ として、ほぼ1m位の深さにあることが予想できる。

最後の信号処理がマイグレーションである。マイグレーションは埋設管から発生する双曲線状のレーダー波形から、電波を反射させた元の物体の形状を推定する方法である。図2.27（c）の図面はこうしてマイグレーション処理を行った結果である。水平位置12m付近にくっきりと埋設菅の形状が復元できている。一方、7m付近にある別の埋設管からの反射波は元の埋設管断面形状の円形に戻っておらず、まだ双曲線のままである。更に水平13m、深さ15m付近には、下が凸の双曲線が見える。中段の波形では、この位置に別の埋設管が上を凸にした双曲線になっている。マイグレーション処理を行うためには、正確な電波の速度を仮定する必要がある。仮定した速度の値が正しくないとこの例に見られるような現象が現われる。

3.11. 地中レーダーの遺跡調査への利用

本章で説明した地中レーダーの原理に基づき、地中レーダーを用いた遺跡探査の特徴をまとめる。

1. 地中レーダーは基本的に物質の水分の差に対する反応が強い。遺跡を構成する物質は、水分率の違いに大きな特徴が見られることが多い。
2. 地中レーダーによる計測作業は、非常に容易で、またその結果を即時的に見ることができるため、現場での利用に適している。特に、遺構の位置を特定するためには非常に有効な手法である。

3. 他の物理探査手法に比べた場合、装置の値段が安く、また探査を外注する場合の探査面積あたりの単価が比較的安い。
4. 住宅や道路、橋などの構造物の近傍でも、周囲の影響を比較的受けにくい。
5. 平坦で広がりのある場所が探査しやすいが、起伏があったり、狭矮な場所や、屋内でも探査が可能である。
6. 砂利や砂地でも計測が可能である。
7. 草地でも草を刈り取る必要は通常無い。

一方、短所としては

1. 極端に湿った場所や海水中では使用できない。
2. レーダー装置が滑らかに移動できないような非常に凹凸の激しい地表面では使用が難しい。
3. 条件の比較的いい場所でも、他の探査手法に比べた場合、探査可能な深度が比較的浅い。多くの場合、深度 1m 程度までは適用が可能であるが、それを超えた場合は環境条件に強く影響を受ける。

などがあるので、留意しながら使用することが必要である。

地中レーダーを計測に使おうとする場合、初めて計測する対象物では、その大きさと深度、また土壌の状態を加味して使用する周波数の見当をつける。それでも、3.6 節に述べたように周波数によって対象物の見え方は大きく異なるから、できる限り何種類もの異なる周波数のアンテナで試しの計測を行い、使用する周波数を決定することを強く勧めたい。一度やってみて、何も見えなかったからやめてしまうのではなく、何度か試みることが重要である。

更に遺跡探査への GPR の導入にあたっては

- 周波数の選択
- 測線の選択
- アンテナ位置の正確な制御
- 電気探査との併用
- １回であきらめない
- 計測可能な対象と不可能な対象がある

に留意したい。

第 3 章
新しい地中レーダー技術

第3章　新しい地中レーダー技術

1. GPRの走査と位置計測

第2章では標準的なGPR計測技術について説明した。GPRの性能を活用し、より効率的な測定を行うために新たな研究開発が進められている。第3章では、地中レーダーの走査法の改良により明瞭なGPRプロファイルを得るための技術について解説する。

最も単純なGPRの走査では、GPRアンテナを一直線の測線に沿って動かす。しかしGPR装置の性能向上により、2次元的な走査でデータを取得し地下構造をCスキャンを利用して3次元的に可視化する手法が遺跡調査でも広く利用されるようになってきた。通常の2次元走査は、巻き尺などで平行な測線を多数設定して測定する。本章では地中レーダーを2次元走査してデータを取得するために、3つの異なる手法を紹介する。いずれもアンテナが移動する位置を正確に測定しながらGPRのデータを取得するが、そのためにGPS、レーザー測量機やトータルステーションを利用する。

こうした手法を利用することで、GPRは古墳のような立体的な地形でも利用できるようなり、また巻き尺で測線を定める必要がなくなるため、自由に広い面積の計測を効率よく行うことが可能となる。

しかし、精度の高い地中の可視化を行うためには、できるだけ密度の高いデータを取得する必要があり、測定時間の増加につながる。この問題を解決するために東北大学では大型のアレイ型地中GPRを開発した。アレイ型GPRは従来の地中レーダーに比べて20倍ものスピードで測定を行うことができる。

2. GNSS(註)を利用したGPR計測

カーナビや携帯電話に装着されているGPSは、いくつものGPS衛星から送られてくる電波に載せられた信号からGPS装置からGPS衛星までの距離を計算し、GPS装置の位置を三角測量の原理で求める。GPRにGPSを装着し、GPRデータを計測した位置をGPSで求めれば、測線の設定や車輪で移動距離を測る必要がなくなり広い範囲を効率よく測定できる。しかし、GPSの位置精度は一般的には数mの程度であり、また室内や建物の近く、木立の中では人工衛星からの電波が受信できないのでGPSは利用できない。通常のGPSを利用した地中レーダー計測では、数mのGPS位置誤差のために、Cスキャンによる3次元表示が測線毎の位置ずれのため、ぼやけることがある。

位置精度のより高いRTK-GPS（リアルタイム・キネマティックGPS）などの装置を使うことで、この問題はある程度解消できる。図3.1に、砂浜でGPR計測を行った場合のGPSによる軌跡の記録例を示す。広大で目標物の少ない場所でも、GPRデータの位置合わせを正確に行うことができる。最近の商用GPR装置は、GPS信号をGPRデータと同時に記録できる機能を備えている。

（註）2011年度より従来「GPS測量」の用語に替え「GNSS測量」が「全地球航法衛星システム」の正式呼称となったが、本書では一部GPSを使用している。(P187　コラム：全地球航法衛星システム参照)

図3.1　GPSを利用したGPRデータの取得（仙台高専園田潤教授提供）

3. 3DGPR　高精度GPR計測

経験的にGPRで2次元平面を走査する場合、測線間隔は中心周波数の波長の1/4程度に設定することで画像の劣化を防いでいる。例えば500MHzでは5cm、250MHzでは、10cm間隔程度が求められる。しかし車輪回転では測線の長さに対して10%程度以上、GPSでは1m程度の誤差が生じ、数cm以内の誤差で平面上の正確な位置を測定することは難しい。

そこで東北大学ではマイアミ大学と共同でレーザーを使用した市販のRLPS（Rotary Laser Positioning System）測距システム（例えば商品名iGPS）を使用して高精度な位置計測ができるGPRシステムを構築した（Grasmueck 2007）（Gaballah 2008）。本システムを3DGPRと呼んでいる。3DGPRでは、波長の1/10程度の間隔におおよそ設定した仮想測線に沿って、2次元的なGPRデータ取得

図3.2　RLPS送信機と3DGPRシステムによるGPR計測の様子（宮崎県西都原古墳群）

を行う。GPR アンテナに RLPS の受信機を装着し、リアルタイムでアンテナの位置を 1 ミリメートルより高い精度で計測する。同時に RLPS 装置から GPR 装置に指示が出され、アンテナに取り付けられた LED の点滅によって示される仮想的な測線に沿ってアンテナを手動で走査する。従って、物理的な測線を巻き尺などで設置する必要は無い。図 3.2 に、実際の計測状況を示す。RLPS のレーザ信号を送信する送信機が三脚に置かれている。GPR 装置には RLPS 受信機や走査を指示する LED 装置などが付加されているが、それ以外は基本的に通常の GPR 計測と変わらない。

2 次元的にアンテナを走査し計測された GPR データは、2 次元平面内でランダムな配置をしている。3DGPR では取得したデータを 3 次元的に内挿し、正確な直交格子状の位置で計測されるであろう GPR 信号に再構成する。このデータを 3 次元空間上に表

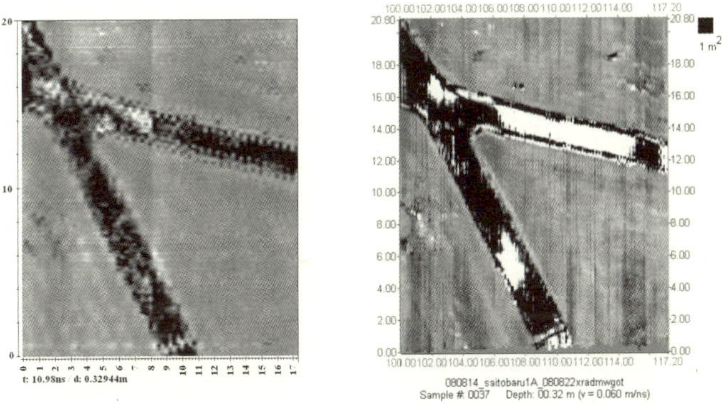

(a) 通常の2次元走査によるGPR画像　　(b) 3DGPRによるGPR画像

図3.3　3DGPRによるGPRプロファイルの精度向上

示すると、非常に鮮明なGPRイメージを得ることができる。逆に、こうしたランダムな位置のデータを正確な格子状の位置に内挿するためには、高密度でのデータ取得が必要であり、結果的に計測時間が長くなりこれが本システムの欠点でもある。

図3.3(a)は従来の2次元走査で可視化した舗装道路のレーダー図である。本来直線であるはずの縁端がはっきりしていない。図3.3(b)が同じ場所を3DGPRで画像化した例である。縁端部が明瞭であるだけでなく周囲の礫がくっきりと画像化されている。

3DGPRは、アンテナの位置を3次元的に正確に測定できる。従って測定が平坦な場所でなく古墳の墳丘部のような傾斜地でもその威力を発揮する。また地表面の障害物によって測線を直線にとれない場所でもアンテナを自由に動かすことで、データを密に取得することができる。これまで我々は3DGPRによる高精度計

図3.4　3次元地中レーダー測定システムに用いたトータルステーション

測を利用して埋設管検知、樹根計測、遺跡調査など多様な応用を試みてきた。

4. トータルステーションを利用した3次元GPR計測

4.1.　3次元地中レーダー測定のシステム

第3節ではやや特殊なレーザー位置計測装置を使った3次元GPR測定のシステムについて述べたが、本節ではより汎用の位置計測装置を用いた地中レーダーシステムについて述べる。

測量などに用いられているトータルステーションは、レーザー光を用いた測距儀と角度を測るセオドライトを組み合わせて簡単に目標点の相対的な3次元位置を計測できる測量機器である。現在様々なタイプのトータルステーションが市販されているが、そ

図3.5　全方向プリズムを設置した地中レーダーアンテナ（Mala Geoscience 社製RAMAC/GPR 500MHz）

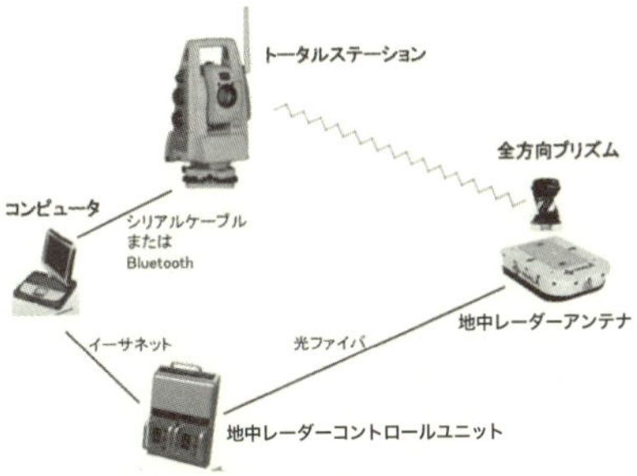

図3.6 東北大学で開発したトータルステーションを用いた３次元地中レーダーシステム

の中には自動的に目標点を視準・追尾できる機能を持った自動追尾トータルステーションがある。この機器をGPR装置と組み合わせることで、比較的容易に3次元GPR測定システムを構築することができる。ここでは例として東北大学で開発したトータルステーションによる3次元GPR測定システムについて説明する。

東北大学では、図3.4に示すトータルステーションを使用している。このトータルステーションは、一秒間に20回（20Hz）の位置測定を行うことができ、図3.5のように地中レーダーのアンテナ上装着したプリズムを目標として追尾し、GPRアンテナが秒速50cm程度で動く場合、約2cm毎に位置計測ができる。システム構成を図3.6に示す。

トータルステーションを使った測量経験があれば本システムの利用は比較的簡単であるが、トータルステーションとプリズム間

図3.7　トータルステーションを用いた３次元地中レーダシステムによる埋設管計測を行ったサイト

に障害物が多数あると、自動追尾ができない。従って本装置は、周囲が開けていて障害物がないような場所での計測に向いている。

4.2.　トータルステーションを用いた3次元地中レーダー測定の例

本節ではトータルステーションを用いた 3 次元 GPR システムによる地中埋設管の計測例を紹介する。図 3.7 に計測場所を示す。この場所の土壌は、表層 10 センチメートル程度が砂であり、その下部は砂利を含んだ砂層である。図 3.7 で確認できるように、複数のコンクリートでできたピットがあり、その間に多数の埋設管が敷設されている。図 3.8 にピット内の埋設管の様子を示す。

本計測では、土壌による電波の減衰が比較的小さく、また地表面から 1 メートル程度までを計測対象としていることを考慮し、

図3.8　ピット内部

図3.9　トータルステーションを用いた３次元地中レーダシステムによる埋設管計測

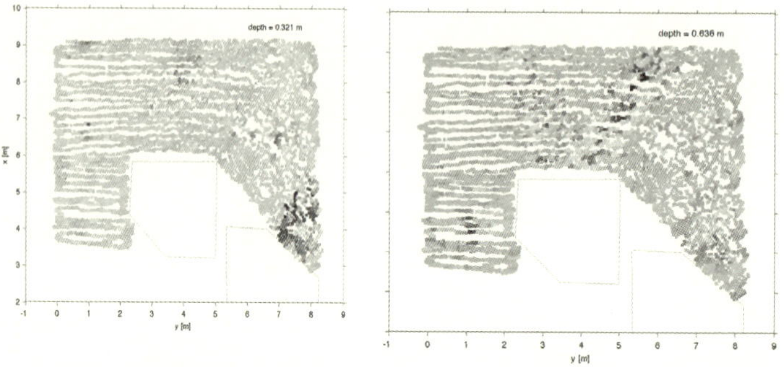

(a) 深度32.1㎝　　(b) 深度63.6㎝

図3.10　トータルステーションを用いた３次元地中レーダシステムによって得られた地中の水平断面。濃淡が地中レーダデータの信号の強度を示している。

500MHz のアンテナを選択した。図 3.9 に計測状況を示すが、設定された測線上を走査する必要が無く自由にアンテナを動かすことができる。

図 3.10 に二つの異なる深度における GPR の水平断面（C スキャン）を示す。この計測で実際にアンテナを動かした後の軌跡が図 3.10 の上に描かれている。図 3.7 に示すように、ピットは地表面よりも高いため、これらを避けて GPR アンテナを動かしている様子が分かる。図3.10では、ある深度（比誘電率を仮定して時間から計算）でのレーダー受信波形の振幅を色の濃淡として、その信号を計測した位置に示したものである。深度32.1センチメートルでは図中右下において、右側のピットから強い反応が右上方向に伸びているのが確認できる。この右側のピットは図 3.8 が撮影されたピットであり、このピット中右側に見えている水平方向に並

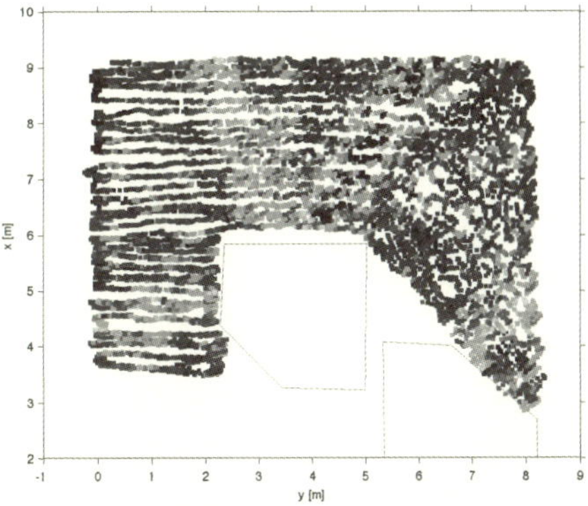

図3.11　地中レーダーのデータを深度40~80センチメートルにおいて足し合わせて、異なる深度の地中埋設物を一つの水平断面上に表示した例。

んだ埋設管をGPRで捉えている。

深度63.6㎝では、左側のピットから図中右上方向に敷設されている埋設管がはっきりと映っている。また、左上方向に延びている埋設管も映っているが、他方ほどはっきりとは映っていない。これは敷設されている深度や埋設管の材質の違いによるものである。

図3.10に示したように、Cスキャンは深度毎対象を画像化するが、深度によらず地下埋設物全てを水平断面として表示させるために複数のCスキャンを足し合わせる方法が用いられる。図3.11では図3.10で確認できた埋設管を含む40～80センチメートルの深度で、Cスキャンの足し合わせを行ったが、図3.10で検知できた埋設管に加え、左側のピットから左下方向に延びる埋設管も確認できる。

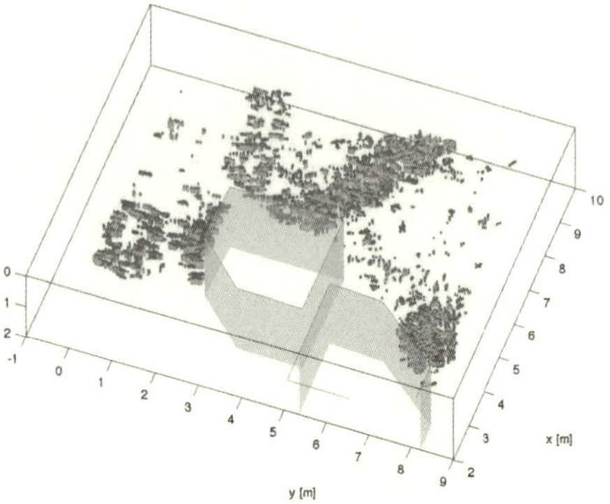

図3.12　地中レーダーデータの強度を３次元で表した図

更に3次元GPRのデータにおいて一定の強度以上の反射波だけ表示を行うことにより、図3.12のように地中埋設物を3次元で表示することもできる。

5. アレイ型地中レーダー

5.1.　東日本大震災とアレイ型GPRの必要性

東北大学では、1990年代より遺跡調査へのGPRの積極的な導入を試みてきた。とりわけ3節で説明したように古墳のような複雑な形状の遺跡でも応用が可能な3DGPRシステムの利用を行ってきた。しかし3DGPRは高精度なイメージを得るため高密度のデータを取得する必要があり、計測に非常に時間を要すことが欠点である。

3DGPRシステムでは任意の位置で計測したデータを内挿し

図3.13　商用アレイ型GPRシステムの例　http://www.3d-radar.com/?page_id=36

て、最終的には規則正しい格子状の計測地点でのデータを再構成し、正確な3次元レーダー画像を得ている。もし初めから正確に等間隔に並んだGPRデータを取得できるなら、こうした高密度なデータ取得や複雑な信号処理も必要無く、計測並びに画像表示の高速化が図れる。

そこで新たに導入するのがアレイ型GPRである。アレイとはアンテナを複数配列していることを意味している。アレイ型GPR装置は図3.13に示すように近年商用システムとしても入手可能である。商用のアレイ型GPR装置は2種類の目的に大別される。1つめは、従来のGPR装置を単純に並べた形式で、複数の測線を正確に並行に走査することになる。また並行した測線間では測線に直交する方向に正確な連続性が出るから正確なCスキャン、または3次元画像が得られる。こうした形式のアレイ型GPRは200MHz-1GHz程度のGPR装置を元に構成する例が多い。

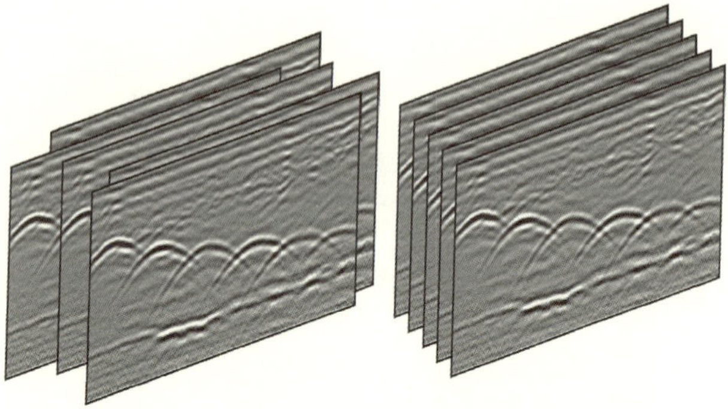

非同期のGPRを利用して平行走査を行った場合
アレイ型GPRによる走査

図3.14　アレイ型GPRで計測されるGPRプロファイル

一方、この周波数帯域より高い1-3GHz程度の周波数を利用すると、アンテナをより小型化できるため、アンテナ素子だけを稠密に並べた形式のアレイ型GPRを構成できる。こうしたアレイ型GPRは、測線の間隔が数cm程度になるので数cm程度の小さな対象物の計測も可能であり、舗装道路下の空洞調査、埋設管検知などに利用されている。

ここで、複数のアンテナは一つの送信アンテナに対して複数の受信アンテナが同時に信号を計測するように同期を取っている。もし、複数のアンテナの間で同期が取れていない場合、図3.14のように測線上での計測の位置は微妙にずれるため、単独のGPRを複数回平行に走査した場合と同様、画像は劣化する恐れがある。

稠密にアンテナを配置したアレイ型GPRは広い幅を一度に計測できる点から、高速なデータ取得が可能であるが、商用システムでは周波数が高すぎ、遺跡調査には適当で無いと考えた。そこで東北大学では新たに既存装置に比べて低い周波数で計測可能な稠密にアンテナを配置したタイプのアレイ型GPR装置「やくも」を開発することにした。

5.2.　アレイ型GPR　「やくも」

東北大学では遺跡探査用に利用するために、手動でアレイ型GPRを走査できるように装置全体の小型化を行い、同時に、より低い周波数で効率よく動作させるためにアンテナを大型化し動作周波数を下げるよう設計した。装置全体の幅を2mに抑え、下限周波数50MHz、中心周波数500MHz程度で動作するようにアンテナを設計した結果8対の送受信アンテナを装備することになった。そこで本システムを出雲大社本殿の天井にある八雲之図に因み「やくも」と命名した。「やくも」の主要諸元を表3.1に示す。

表3.1　やくもの諸元

周波数	50MHz - 1.5GHz
レーダ方式	ステップ周波数
アンテナ素子	ボウタイアンテナ
アンテナ数	送信8，受信8 （3-8組に可変可能）
計測間隔	走行方向に1cm
計測速度	7km /h （1cm間隔で計測時）

システムは低圧タイヤを装備しており不整地での人力での計測を容易にしている。また全幅2mであるが、凹凸がある地形ではアンテナ部分を分解し、3個から8個までの組み合わせで全幅を

図3.15　東北大学が開発したアレイ型地中レーダー「やくも」

狭めることができる。

図3.15に「やくも」のアンテナの配置図を示す。アンテナ給電点間隔は24㎝である。つまり24㎝間隔でアンテナを8つ並べて測定していることになる。このとき、アンテナ同士の位置は固定されているから、2mの幅では完全にお互いの位置が同期したデー

図3.16　名取市 閖上（ゆりあげ）の砂浜

タが取得できるので、そのまま3次元表示が行える。更に1つのアンテナから電波を送信する時に、同時に8つの異なる位置にあるアンテナで信号を受信できる。従って、受信データは8 × 8 = 64通りのGPR信号を一度に取得できる。

5.3.　閖上海岸遺品捜索への適用

開発したアレイGPRシステム「やくも」は、広大な場所での迅速な測定を目的としている。2013年2月にシステムは完成したが、測定速度の検証をかねて、東日本大震災の津波により被災者約1000名を出し、市街地のほとんどが流出した宮城県名取市閖上（ゆりあげ）の砂浜で、砂に埋もれた遺品捜索を行った。本地域では警察、被災者遺族やボランティアが震災後2年を経過して

図3.17　GPR測定範囲

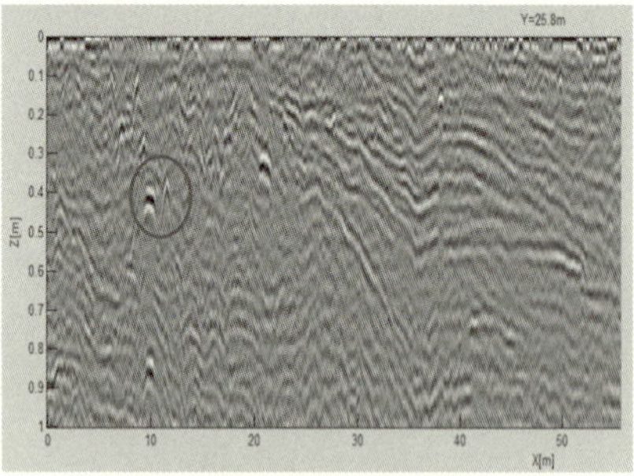

(b) Bスキャン

(c) 掘り出された木片

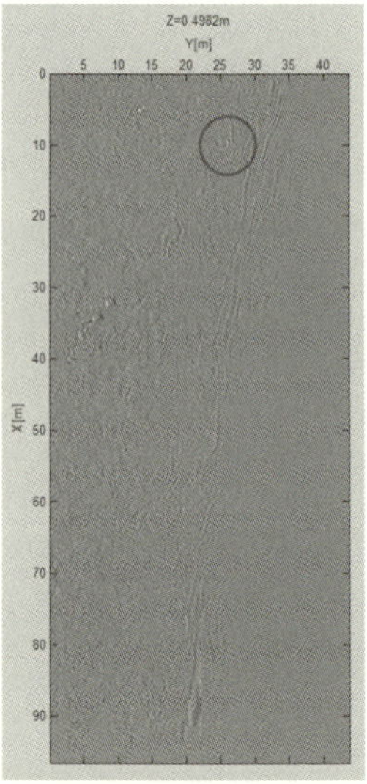

(a) Cスキャン

図3.18　検知した埋設物

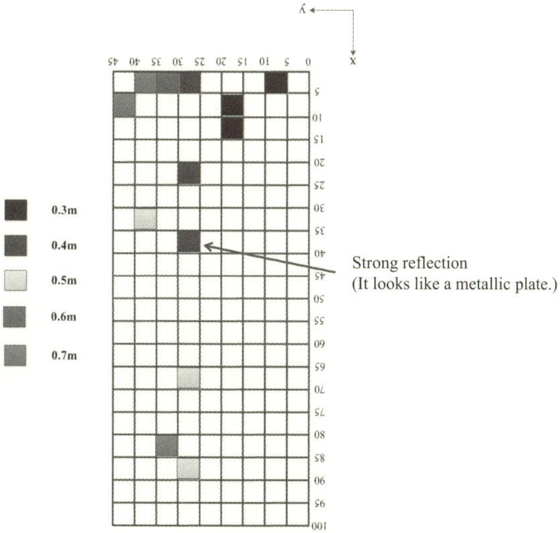

図3.19　検知した埋設物

も行方不明者の捜索を続けている。図3.16に閖上地区の砂浜の様子を示す。本地域は仙台空港の北に位置し、約10mの津波に襲われた。市街地の建物が津波で押し流され、また多くが海に流出した。測定を行った2013年3月でも砂浜の表面には多くの遺留物が確認できた。遺体捜索は、ほとんどが地表面の遺留物を目視で行っているが、砂中にも多くの遺留物が残されている可能性があるとして、GPRによる計測を行うこととした。

捜索は2013年3月から開始した。GPRは図3.17に示す100m × 50mの範囲を設定し、約2時間でデータを取得できた。図3.18に計測したGPRプロファイルを示す。2m幅で取得したデータをつなぎ合わせたのが図3.18のCスキャン（水平スライス）である。

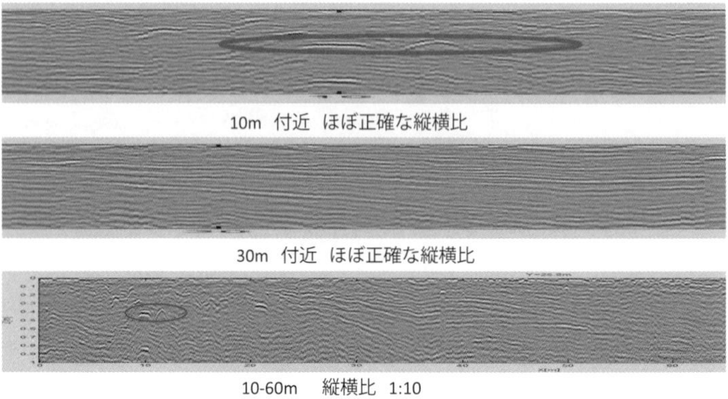

10m 付近 ほぼ正確な縦横比
30m 付近 ほぼ正確な縦横比
10-60m 縦横比 1:10

図3.20 閖上海岸の砂浜断面（2013年3月）

砂は津波で数 m の深さまで攪乱されたと思われ、均質な砂に明らかな人工物が多数含まれていた。地上 30㎝位までには、非常に多くの木片などが含まれているのが確認できたが、それより深い場所にある明確な反応について、掘り起こしを行った。この結果、建物の断熱材と思われるスポンジ状などでもレーダーが明確な反応を示すことがわかった。1m 程度の深度からは 1m 四方の建物の外壁と思われる金属板と、長さ 1.5m、断面 15㎝× 30㎝の木造建築の梁材と思われる木片が掘り出された。図 3.18 中の○で囲んだ位置に木材のレーダーイメージが確認できている。図 3.18(c) が掘り出された木片である。

また図 3.19 に、今回の計測で検知できた埋設物の分布を示す。こうした情報を元に、捜索活動を継続していくことが、効率的であると考えている。今回の計測では、遺体発見に直接つながるよ

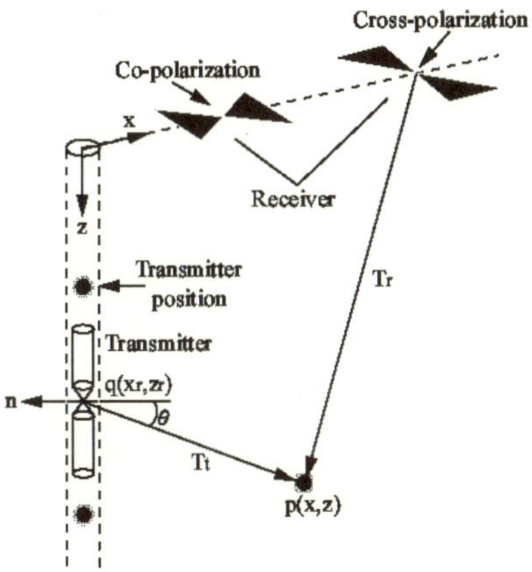

図3.21　VRP計測配置

うな遺品などの発見はできなかったが、震災後2年経過しても、深度1m程度にかなり大型の津波で流出した物体が埋没していることがわかった。人手では数人がかりでも1m程度の物体を掘り出すには30分以上必要であり、レーダーによって埋設物の位置情報が得られることで、今後の遺品捜索に役立つことがわかった。

一方、図3.20は、計測したデータのBスキャン（垂直断面図）である。砂は均質であるが、明確に堆積の層を確認できる。こうした層は、砂浜の形成メカニズムの理解にも役立つ可能性がある。

6. VRPレーダー計測

遺跡調査でのGPR計測は一般に地表から行われるが、石垣のように立体的な構造を有する対象では、GPRの計測深度の限界が

図3.22　ボアホールレーダー装置

問題となる。地下5mを越えるような深部の計測ではボアホール（坑井）を利用するGPR計測手法を用いることができる。しかしボアホールの掘削には経費・時間を要するうえ、ボアホール掘削自体が遺跡を破壊する恐れもあるため、多数のボアホール掘削はできない。そこで東北大学では1本のボアホールを最大限利用する地中レーダー計測法としてVertical Radar Profiling（VRP：垂直レーダー探査）の利用を提唱している。

VRP法では図3.21のようにGPRの送信アンテナをボアホールの中に降下させ、受信アンテナを地表に配置する。受信アンテナはボアホール周囲の地表を2次元的に移動し、また送信アンテナはボアホール中を1次元的に移動しながらレーダー波を計測する。VRPで計測されたレーダー波形には送受信アンテナ間の直達波に地層や遺構などからの反射波が重畳し、更にアンテナの位置によって波形は変化する。計測波形は複雑であるがマイグレーショ

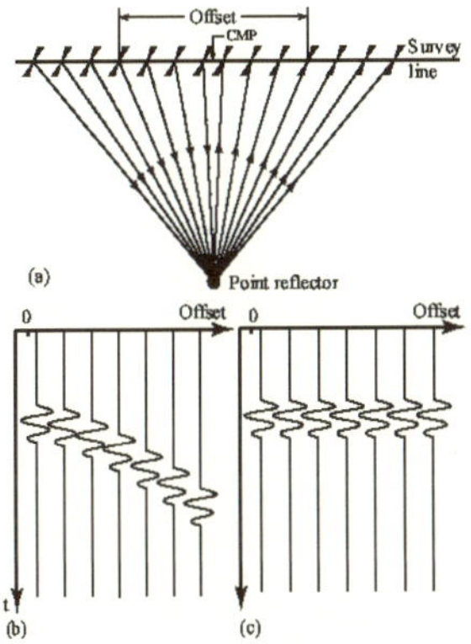

図3.23　CMP計測

ン信号処理によりボアホール周辺の垂直構造を推定することができる。特に VRP では受信アンテナをボアホールの周辺で移動することにより擬似的に 3 次元構造の推定が可能なことに特徴がある。また送信アンテナが地下深部にあるため、反射体までの距離が小さくできることから探査深度の拡張が期待できる。

東北大学は VRP 法を群馬県田尻遺跡においてその有効性を立証し、更に仙台城（青葉城）における遺跡探査では、水位観測用に既に掘削されていたボアホールを利用して計測を実施した。

同様に図3.22に示すようなボアホールレーダーを利用した、深部計測の可能性は多岐にわたると考えているが、現状での遺跡調査での実施例は少ない。

7. CMPレーダー計測

GPRでは送受信アンテナの間隔を固定して地表から反射波を計測する手法が一般的であるが、電磁波の減衰のため探査深度は5m程度に限界がある。送受信アンテナの間隔を移動しながら同一地点からの反射を計測する手法はCommon Midpoint (CMP) と呼ばれ、弾性波による石油探査など地下計測に広く利用されている。CMPでは図3.23のように一地点の計測を行うため送受信アンテナ間隔を変化させた数点の測定を行い、信号を合成する際に信号の空間的相関性を利用することで信号の信号/雑音比（S/N比）を向上させることで地下深部の計測限界を拡張できることが知られている。GPRは送受信間隔が広いとき波形の減衰、歪が生ずるため弾性波に比べて信号の空間相関性は低下するが、同様に深度限界を拡張できることがわかった。

参考文献

Grasmueck, M. and D.A. Viggiano, "Integration of Ground-Penetrating Radar and Laser Position Sensors for Real-Time 3D Data Fusion, 2007." IEEE Transactions on Geoscience and Remote Sensing, 45(1), 130-137,

Mahmoud Gaballah, Mark Grasmueck, and Motoyuki Sato、" High Resolution 3D GPR Applied to Archaeology for Characterizing Accurate Subsurface Structure、" 第119回物理探査学会学術講演会論文集、2008.

佐藤　源之、"3DGPRによる遺跡調査 .、" 物理探査学会　第126回学術講演会論文集、2012.

第 4 章
遺跡調査の具体例

第4章　遺跡調査の具体例

遺跡調査に利用する物理探査手法はGPRに限るものでは無い。以下の具体例においては、なぜGPRを導入したかも重要な視点として説明する。我国では奈良文化財研究所（奈文研）が先駆的に遺跡探査への各種新手法の導入と、それによる遺跡探査の実践を精力的に進めてきたが、東北大学では奈文研と協力しながらより新しいGPR技術の開発と遺跡探査への応用を通じた実用化を進めている。本章では、こうした技術を使って、東北大学がこれまで実施してきた遺跡調査において、具体的にGPRではどのような情報が得られているかを紹介する。また奈良文化財研究所が実施した遺跡調査例は、より実用的なレベルでGPRがいかに有効に使われているかを理解するのに役立つ。

図4.1　東北大学が行ってきた主なGPRによる遺跡調査箇所

1. 復興と遺跡探査

1.1. 遺跡探査に地中レーダーを導入する意義

東日本大震災の地震、津波による未曾有の被害からの復興事業は、遺跡調査にも大きな影響を与えた。津波被害の大きかった沿岸部の住宅地は、現地でのかさ上げを行った上での住宅再建、堤防機能の強化、住宅地の高台移転と、幾つかの対策が提案されているが、集落ごとにその地勢に応じて、対応手法、住民感情が異なるため、具体的な対策が立てられない場所も多い。一方、具体的な対応策が決まった地域では、その速やかな具体化が必要であるが、そこで問題として浮かび上がってきたのが遺跡調査である。

道路や住宅建設のための開発において、予定地に遺跡のあることが確認された場合、遺跡調査を事前に行うことが自治体条例で定められている。遺跡の文化的な価値によって調査の規模は変わるが、発掘を伴う遺跡調査は一般に多大な費用と時間を要する。遺跡探査技術は単に遺跡を“発見”するということだけでなく、発掘（掘削）を行う前に遺跡の状況を把握できるという点で、次に挙げるような大きな利点があると考えている。

(1) 非開削で遺跡の有無を判断することができる。また遺跡が発見された場合、遺跡の存在する範囲を非開削で特定することができる。

(2) 発掘を行う以前に地下にどのような遺構があるかについての情報を得ることができるため、発掘による遺跡の損傷を防ぐことができる。

(3) 史跡など、発掘そのものが制限される場所において、発掘を行わなくとも遺構の状態を可視化することで遺跡の理解ができる。

東北地方では、縄文時代以前からの遺跡が広い範囲で分布している。リアス式の海岸が続く東北地方北部では内陸部に平坦な土地を確保する事が難しく、山林を開発の対象にすることも多い。東北大学では迅速に震災復興事業を推進するため、GPRを利用した遺跡探査の導入を進めた。またこうした活動は住宅の高台移転のための遺跡調査のような直接的な震災復興活動に留まらず、震災復興推進のために不足気味な地方自治体文化財調査員による学術的な遺跡調査を支援することで、間接的に震災復興に役立てるのではないかと考えている。

ここで述べたGPR導入の意義は震災復興に限らず、遺跡調査全般に関わるものである。一方で、広い範囲の中に存在しそうな遺跡や遺物を“発見”するには、GPRが必ずしも最適で無い場合もあることを繰り返して強調したい。電気探査や磁気探査など他の手法がより迅速に目的物を検知できる可能性があり、状況に応じた判断が求められる。

1.2.　野蒜築港（宮城県東松島市）

震災復興に関わる大規模な遺跡探査例として、宮城県東松島市野蒜築港での計測例を紹介する。野蒜築港は明治初期に図4.2のような市街地を含む近代港湾として計画されたが、建設中の構造物が台風で破壊されたため工事が中断し、その後建設計画自体が放棄された。その後、一帯は住宅地として使用されていたが、近年その一帯が野蒜築港跡として、水門その他、一部の施設が遺跡

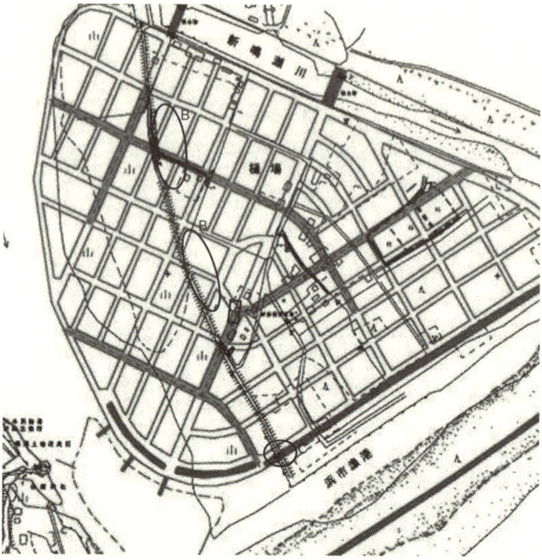

図 4.2　野蒜築港市街地の計画図（野蒜築港 120 年シンポジウム報告集」「築港跡の測量調査と遺構の位置」（株）大江設計　大江勝雄氏提供）

として保存されていた。港湾の一部には街路が計画されていたが、そこには我が国で最古級の下水道が整備される予定で一部が完成していた。2004 年にこの一部である悪水吐暗渠跡が発見された。悪水吐暗渠跡は断面が 60㎝角の石板で構成され、長さ 11m の区間が確認されが、調査が行われたのち、再び埋め戻されていた。こうした遺構の存在が明らかになったこともあり、地元では遺跡保存の活動が開始されていた。

野蒜築港跡地は、自衛隊松島基地に隣接していることから、騒音対策として防衛省が土地の買い上げ、住宅の撤去を進める事業中に東日本大震災の津波に襲われた。この地域の土壌は砂地であり、図 4.3 のように津波によって地形はほぼ失われ平坦となった。

このため、悪水吐暗渠跡の位置が不明となっていた。

一方、震災復興事業として、本地域周辺では鳴瀬川の防波堤をかさ上げし再構築することとなったが、建築によって未発見の部分も含め、下水道跡の遺構が破壊されることを未然に防ぐため、遺跡調査を担当する東松島市から地中レーダーによる悪水吐暗渠跡の位置特定が東北大学に依頼された。この場所の土壌は手でも容易に掘削ができる砂が主体であり、浅部には、最近撤去された住宅の残留物が多数残っている。

ここでの計測対象は、既におおよその位置が分かっている悪水吐暗渠跡構造物の正確な位置を決めること、一方、遺跡の存在自体が不明の下水道構造物の発見という2つに分けられる。

まず悪水吐暗渠跡については、震災前の遺跡調査時に撮影された写真から周囲に残された樹木の位置と合わせておおよその位置を推定した。その上で、500MHzの地中レーダーを用いて、繰り返し深度50㎝-1mの地点に異状が見える箇所を捜索した。この結果、検知した幾つかの地点を掘削し、そのうちの一点から、遺跡を埋め戻した時に使用したブルーシートと直下の石構造の一部を確認できた。

未発見の下水構造は数百メートル四方にわたる広大な市街地計画地域の中のどこにあるか見当がつかない。また、元々そうした遺構が残されているかどうかすら不明であり、従来の地中レーダーでは計測計画の立案すら考えられないような場所であった。こうした広い範囲を計測するには、我々が新たに開発したアレイ型GPR装置「やくも」が最適である。

2013年2月、我々はアレイ型GPR装置「やくも」による計測

図4.3　野蒜築港跡でのGPR計測

を実施した。図4.3に野蒜築港跡でのGPR計測の様子を示す。

GPR調査を行った地点を図4.4に示す。調査箇所Aは、2004年に一部の悪水吐暗渠が約11mにわたり発見された場所であり、まず地中レーダーが悪水吐暗渠にどのように反応するかを確認するため測定を行った。調査箇所Bは堤防建設計画地であり、未発見の悪水吐暗渠の発見を目的として測定を行った。

調査箇所AおよびBでは、広い範囲を調査する必要があることから、アレイ型地中レーダ「やくも」を利用した。

既知の悪水暗渠跡における地中レーダー調査結果（調査箇所A）を以下に示す。図4.6は、深さ0.3から0.8 mにおけるCスキャン（水平断面）である。図中白点線で示した位置に幅1.5m程度に

図4.4　野蒜築港での探査位置

わたって悪水暗渠跡からの反応が捉えられている。また図4.6には本暗渠跡掘削調査時に作成された平面図を重ねてある。土管が取り付けられていた場所において、周囲よりも強い反応が捉えられていることがわかる。

この GPR データの南東位置 3m で南西方向の GPR プロファイルの B スキャンを図4.7に示す。GPR プロファイル左端から深さ 0.5m 付近に悪水暗渠跡の上面からの反応が捉えられている。この直線状の反応は右に行くにしたがい、深くなっている。これはこの悪水暗渠跡が河口方向に緩やかに傾斜していることを示している。この図は、悪水暗渠跡を斜めに横切るような縦断面であるため、その反応は 7m 付近で途切れている。そこで、暗渠の西側

図4.5　野蒜築港でのアレイ型GPR「やくも」による計測（2013年2月）

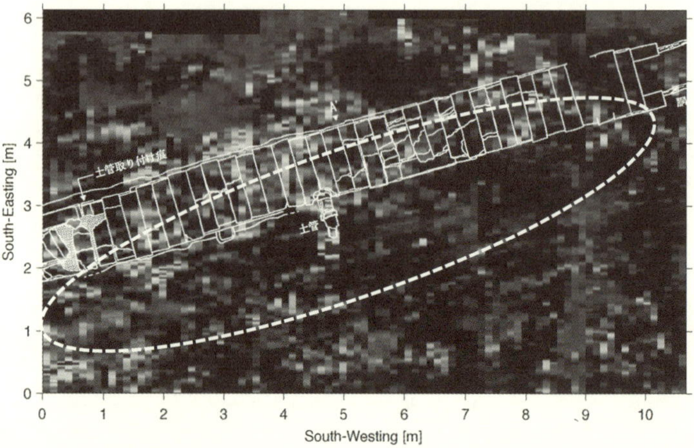

図4.6　深度0.3-0.8mのCスキャンに重ねた暗渠構造図

図4.7　暗渠西側壁面に沿うBスキャンに重ねた暗渠構造図

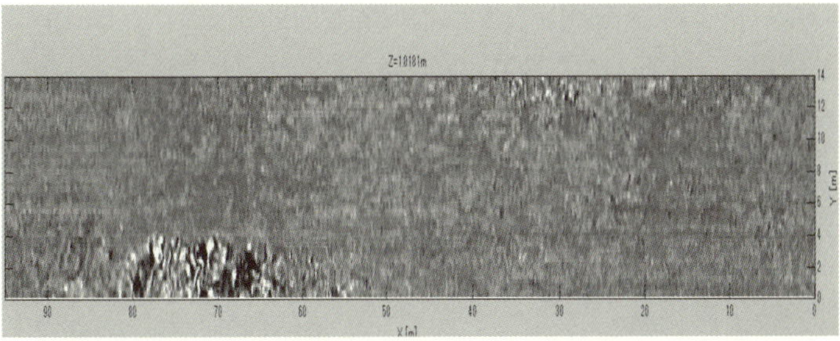

図4.8　調査範囲B-aにおける地中レーダーCスキャン。深度約1mでの水平断面。
左下に埋設物を示す反応が確認できる。

壁面に沿うように作成したGPRプロファイルと掘削調査時の断面図を図4.7に重ねている。悪水暗渠跡上面の凹凸と非常によく一致した地中レーダーのデータが得られていることがわかる。

未発見の悪水吐暗渠跡の探査に関して、野蒜築港市街地跡の一部ではあるが全体で4000m^2以上の面積において調査を行った。このうちの一部調査箇所では図4.8のように暗渠が残存すれば見えると思われる直線状の反応がいくつか得られた。津波後に発見された悪水暗渠跡の予備調査では、暗渠からの明瞭な反応は得られなかった。非常に雑音の多い反射は得られたが、それが暗渠からのものとは断言できない。これは暗渠があると思われる深度が5mと非常に深く、また盛土されていることから地中レーダー調査にとって厳しい状態となっていることによる。

2. 起伏のある遺跡の探査

2.1. 西都原古墳群（宮崎県西都市）

西都原古墳群では、宮崎県教育委員会と西都原考古博物館を中心に活発なGPR計測が行われ、遺跡の分布の把握などに有効に活用されてきた。この地域には図4.9に示すように3-7世紀頃に構築された300基以上の墳墓が分布している。その多くは墳丘を形成しているが、中には火山灰地層を掘り抜いた地下式墓地も多数見られ、平滑な地表面下に遺構が存在していることがある。

こうした地下の遺構は、既に実施されたGPR計測によって存在位置がほぼ明らかになりつつあるが、その詳細な構造を従来の地中レーダー計測では可視化できない。そこで我々は西都原考

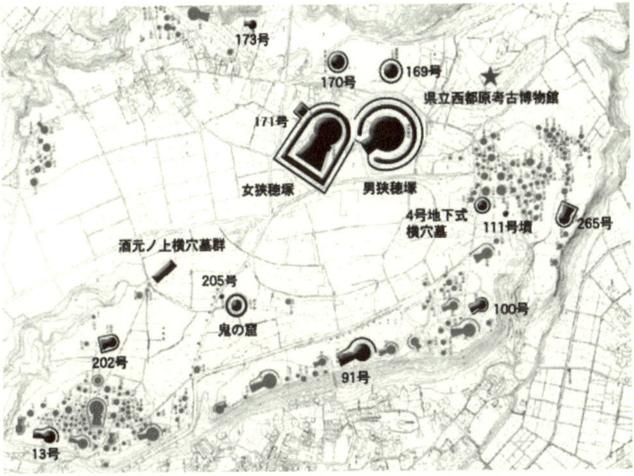

図4.9　宮崎県西都原古墳群　http://saito-muse.pref.miyazaki.jp/outline/

古博物館と協力し、そのうちの幾つかについて第3章で紹介した3DGPRシステムによる精密計測を2009年に実施した。

図4.11､4.12に3次元的に表示されるGPRプロファイルと、通常の2次元的なGPRプロファイルを立体的に合成して示す。この図は長さ約5m、深さ1-3mの地下式墓地を透視している状態である。左側が直方体の墓地の主体部であり、右側の傾斜している部分が入り口であると考えられる。従来のGPR計測で、この場所に埋設物があることは確認されていたが、本計測によってその形状を非常に明確に可視化することができた。また、その形状は既に発掘が行われている、付近の地下式墓地とよく一致しており、非掘削でも遺跡の状態を非常に正確に把握できる例であると考えている。

図4.10　西都原古墳群での3DGPR計測

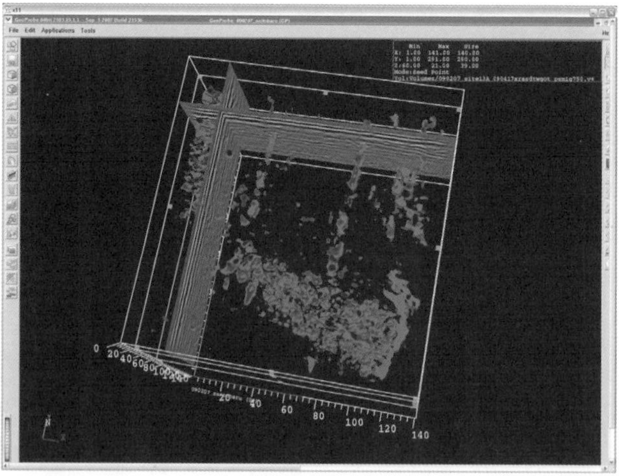

図4.11　地下式墓地の３次元GPR画像

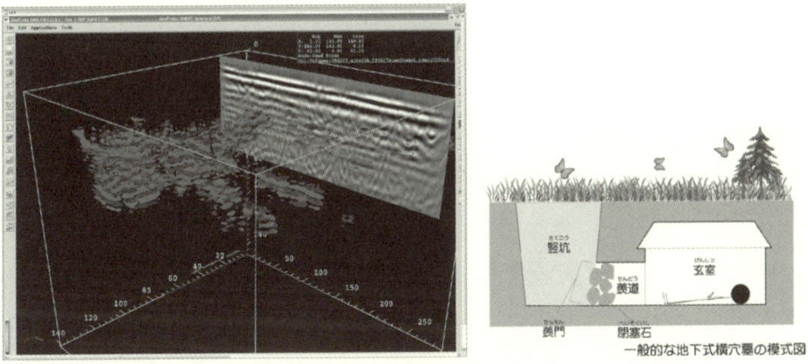

http://www.e-kanoya.net/htmbox/bunka/i_iseki/tika_moshikizu.pdf

図4.12　一般的な地下式横穴墓の模式図

参考文献

東憲章他　2007『西都原古墳群－男狭穂塚女狭穂塚陵墓参考地地中探査事業報告書－』宮崎県教育委員会

2.2.　奈良県丘陵地帯

道路建設に伴う遺跡の損傷を未然に防止するため、着工計画段階で非破壊的に地中の状況を把握することが重要である。地下1-2m 程度までの精密な地下計測手法として、GPR は有望な手法であると考えている。

従来 GPR 計測は、地表面が平面な舗装道路などではその有効性が確認されている。我々は 2010 年度に道路予定地周辺の遺跡分布を計画段階から把握する目的で奈良県から GPR による遺跡分布推定の可能性について打診を受けた。そこで、3DGPR による予察を実施した。調査地は図4.13のような棚田や果樹園として利用されている丘陵地である。棚田１枚ごとでは平坦であるから、およそ５×10m程度の範囲を設定した。冬期であるため稲の切株が残っているが、図4.14のようにこれを地表面で刈り取り、表面のみ平らに地ならしを行って計測した。

この計測では、今後遺跡探査を予定する地域でのGPR計測が可能であることを実証するため、既に遺跡調査が行われ遺跡の分布が判明している上、他の耕作地と同等の条件で使用されている場所として、遺跡調査１区、3区、4区を選定した。測定地点は棚田であり、収穫後、田起しをする前の状態であった。計測を行った3カ所について、調査区域の図面、遺跡調査を行った結果と今回のGPR計測結果の水平断面図を数深度について位置を合わせ、また3DGPRの図面を3深度について図4.16、4.17、4.18に表示する。

1. 3DGPRでは、およそ深度30cm-50cmまでは何も見えず、それより深い深度で、明確な埋設物が確認できる、深度1.5m程度までは明瞭な物体検知ができている。深度50cm程度までは耕作土であり、それより深い深度にしか遺構は存在しないことよく一致している。従って、耕作土を剥いで、遺構がすぐに現れると予想され、以前の調査と深度についてもおおよそ一致する結果であると考えられる。
2. 3つの調査区域について、いずれの場所でも過去に発掘され、位置が調査された遺構と地中レーダーで検知される埋設物の位置や分布がよく一致している。
3. 地中レーダーでは、検知している物体の材質を特定すること

図4.13　道路計画地

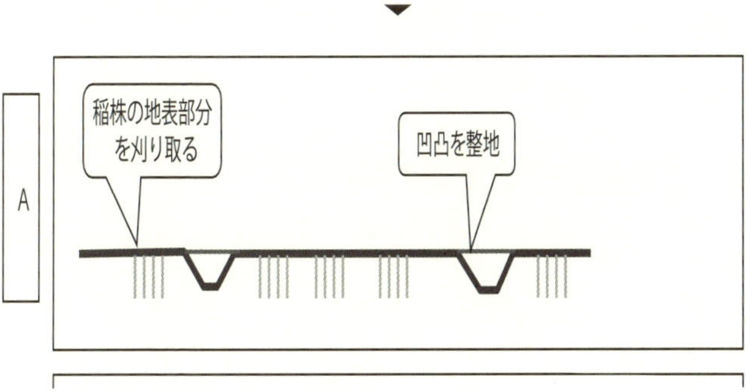

図4.14　地表面の整地準備

図4.15　GPR計測状況

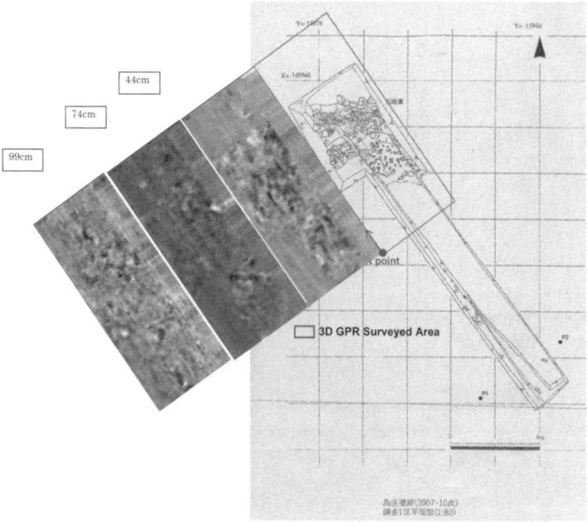

図4.16　サイト1のCスキャン

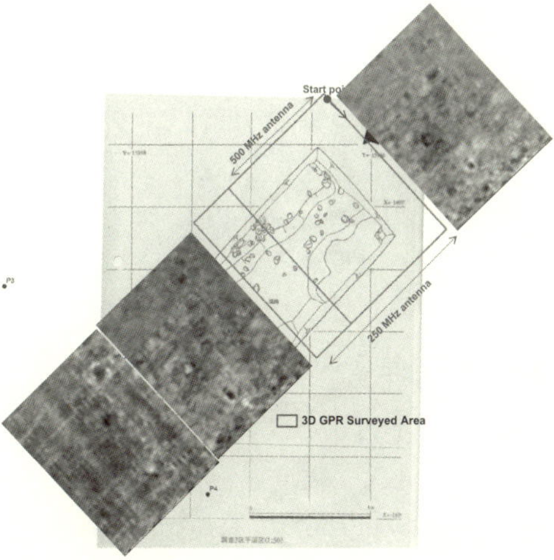

図4.17　サイト3のCスキャン

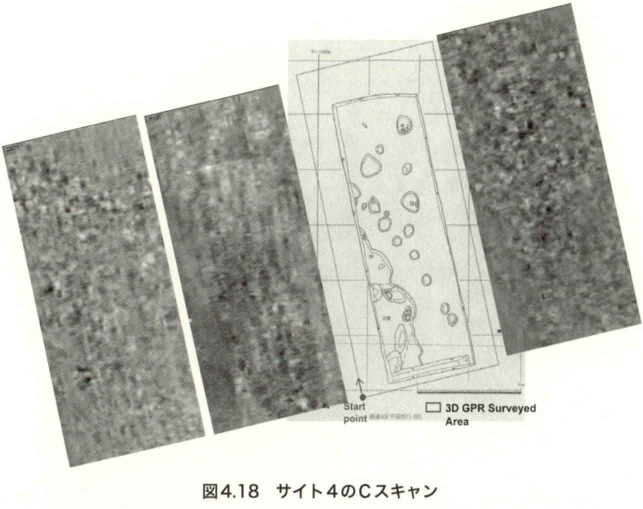

図4.18　サイト4のCスキャン

はできないが、主として遺跡の石と、溝などの地表面の改変部分に対応していると思われる。

4. 以前の調査では、遺構の深度の情報は正確には記録されていないため、正確な解釈はできないが、おそらく前回発掘の深度（約1m程度と予想）より深い場所にある物体も確認できている。

今回の予察により以下を明らかにした。

1. 実験の結果、1.5m程度までは明瞭な検知が行えていることが確認できた。ただしこの深度は土壌の湿り気や、礫の含有率によって変化すると思われる。従って道路建設に必要な深度までの情報は得られると考えている。

2. 今回は棚田で比較的に平坦な場所で実験を行ったが、3DGPR装置としては、今回予察を行った周囲の斜面でも実行は可能であると判断した。

3. 今回の、稲株を取り除いた程度の整地で、十分な計測が行えることが確認できた。従って、農耕地でも耕作期を外せば、地表面状態を大きく改変しないで計測が行える見通しが立った。

以上の予察結果を踏まえて、2012年に同地地域でより大きな範囲での測定を実施し、深度30-50㎝程度に砂利の層が存在する箇所が多数確認できた。この構造は、丘陵の斜面に沿って連続しているように見える。また一部では掘立柱の跡かと思われる連続した丸い構造も確認できた。この地点では、以前に発掘調査で確認された掘立柱の跡との連続性も認められた。このように3DGPRを利用することで開削による遺跡調査を行なわなくても、より広範囲にわたり遺跡の分布を予想することができた。こうした手法は遺跡を保護しながら、有効な開発を行うために極めて重要であると考えている。

2.3.　さきたま古墳（埼玉県行田市）

さきたま古墳は図4.19のように埼玉県行田市にある5世紀から7世紀に構築されたと考えられる前方後円墳8基と円墳1基からなる古墳群である。埼玉古墳群の中で主体部の調査が実施された古墳は、稲荷山古墳と将軍山古墳の2古墳だけであった。稲荷山古墳は、さきたま風土記の丘整備事業開始に伴い、将軍山古墳については主体部を含む墳丘東側が崩落の危機に直面していたため、主体部の調査が実施された。稲荷山古墳には、金錯銘鉄剣など国宝が出土した礫槨と粘土槨の屋外展示模型が設置され、将軍山古墳の後円部東側にはカプセルを被せたような展示館が造られ、古墳の内部を見学できるような施設となっている。

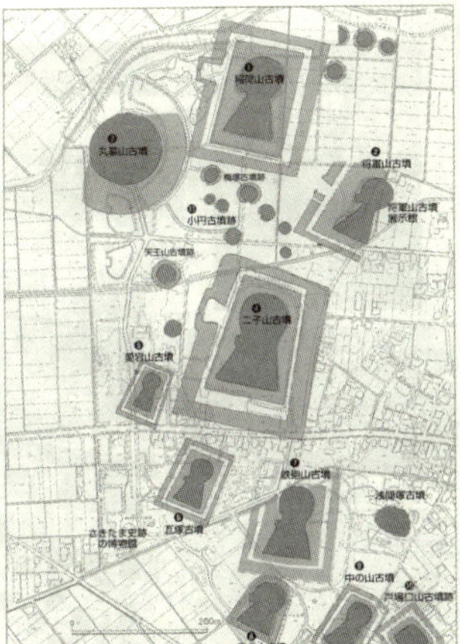

図4.19　さきたま古墳
(http://img01.naturum.ne.jp/usr/kosaka1234/kofunngunn.jpg)

これ以外の古墳については、中の山古墳が横穴式石室であろうなどの議論はされているが、確認されてはいない。

埼玉古墳群におけるGPR探査や電気探査については、昭和57年7月に稲荷山古墳と丸墓山古墳を、平成10年5月には稲荷山古墳の墳頂部を実施しているが試験的であり、その結果についても内容の評価・分析を行ってはいない状況であった。また、この2回のレーダ探査に立ち会った小川は、五つの埋葬施設がある可能性があるとしている（小川2003)。起伏の大きな古墳では、通常のGPR計測が難しいと考え我々は3DGPRを利用し、さきたま古墳の奥の山古墳並びに鉄砲山古墳で計測を実施した。

2.3.1.　奥の山古墳

奥の山古墳は、埼玉古墳群では2番目に小さな前方後円墳で、『史跡埼玉古墳群保存整備基本計画』に基づき、新たな史跡整備に伴う最初の調査・整備の対象となった古墳である。その大きな理由は、周堀が水堀となっており、水位の上下によって汀線部分が抉られ崩落の危険があったことと、何よりも見学者への安全対策のためである。墳丘崩落防止工事と安全柵設置に先立ち遺構の保存状態を確認するため、平成19年度から発掘調査を開始したところ、新たに外堀が発見され、二重周堀の前方後円墳であることが確認できた。

奥の山古墳は、昭和43年に3本のトレンチ調査を実施し、翌44年には周堀の水堀化を行っており、埼玉古墳群のなかでは唯一、一重で盾形の周堀を持つ前方後円墳として復原されている。現在公表されているデータは、墳丘の全長70 m、後円部径30 m、

図4.20　埼玉古墳群全景（南から：写真中央左下が奥の山古墳）

後円部高 3.4 m、前方部幅 30 m、前方部高 3.3 m で、6 世紀中頃と考えられている。二子山古墳と同様に水堀にする目的で堀を掘削してしまったため（小川他 2003）、堀には雨水と自然水位の上昇などで冬季の一時期を除き滞水している状態である。平成 19 年度からの発掘調査で、中堤を挟んで外堀を有する平面形も台形に近い長方形系統であることが判明し、珪藻分析などで常時滞水していないことなども確認された。これらの事実に基づき、21 年度からは内堀を水堀から空堀へと修正し、外堀・中堤の復原整備を開始する計画で、整備の実施設計を行ってきた。

埼玉古墳群では、二子山古墳のように後円部墳頂にクレーター状の大きな盗掘抗があったり、丸墓山古墳のように墳頂部が平坦に削平されているなど、主体部の保存状態が危ぶまれる古墳が少

図4.21　奥の山古墳全景（南西から）

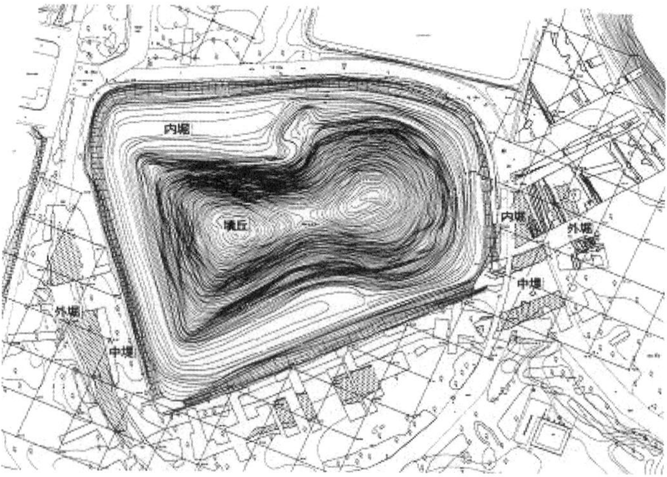

図4.22　奥の山古墳実測図（トーン部分が新たに発見された内堀と外堀）

図4.23　奥の山古墳頂上部でのGPR計測

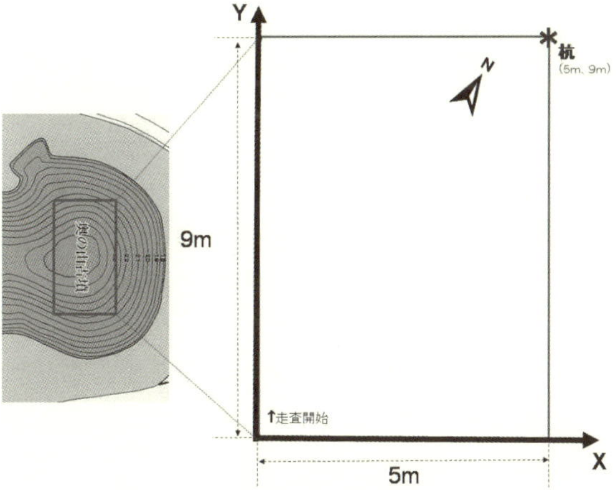

図4.24　奥の山古墳平面図面

図4.25　3DGRP用レーザー送信器とGPRアンテナ（100MHz）

なくない。奥の山古墳の北側にある鉄砲山古墳、東側の中の山古墳なども、後円部を中心に盗掘抗が確認できるのに対して、奥の山古墳は後円部だけではなく前方部にも大きな歪みはなく、大規模に盗掘を受けていない可能性が高い古墳であると考えられている。奥の山古墳を今回のレーダー探査の対象として選定したのは、①現在発掘調査を実施している　②樹木などの障害物がない　③目立った盗掘抗がなく、主体部が存在する可能性が高い　などの理由によるものである。

図4.23にGPR計測を行った奥の山古墳頂上部を示す。計測範囲での高低差は1m程度であり、通常の測線の設定で地中レーダー計測を行った場合、大きな位置誤差が予想される。奥の山古墳では、5m × 9mの範囲で500MHz、250MHz、100MHzの中心

図4.26　3DGPR用受信器を装着したGPR受信アンテナ（250MHz）

周波数をもつアンテナを用いた 3 回の GPR 計測を行った。一般に、低い周波数を使用すると深い深度の物体を計測できるのに対し、画像の分解能はやや低下する。高い周波数では画像分解能は高まるが深い位置の計測が難しくなる。そのために、今回は 3 種類の周波数のアンテナを利用して、計測結果を比較することとした。また、初めて計測を行う場所では、土壌の電気的特性が未知であるため、いくつかの周波数を利用した計測を行い、最適の周波数を選択することが、非常に大切である。

3DGPR 計測を行った場所と座標の定義を図 4.24 に示す。アンテナを走査した方向を y 、それと直角方向を x と定義する。また奥の山古墳の測定の様子を図 4.25、4.26 に示す。図中で三脚に取り付けられている装置が、GPR アンテナ位置を正確に計測するた

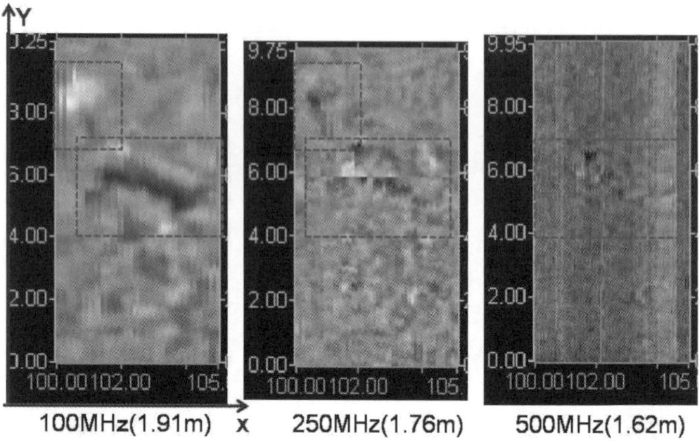

図4.27　奥の山古墳Cスキャン（深度：1.8m付近）

めのレーザー送信器で、探査範囲を見渡せる位置に2台設置してある。また、操作者が牽引している装置が100MHzのGPRアンテナで、この上にレーザー受信装置が取り付けられている。

一般的には古墳のような人工的に土が盛られた比較的均質な土壌の場合、レーダーで捉えられる画像は土壌とは異なる天然の玉石、人工的に埋設された石材、木材、あるいは陶磁器などである可能性が高いと考えている。また古墳を造築する際、段階的に積み上げられる地層の境界面が見える可能性も期待できる。

奥の山古墳において、100MHz、250MHz、500MHzの周波数のアンテナを用いて得られた地中レーダー・データを処理したGPRプロファイルのCスキャンを図4.27-4.29に示す。Cスキャンは特定深度の地下水平断面図とみることができる。ただし土中

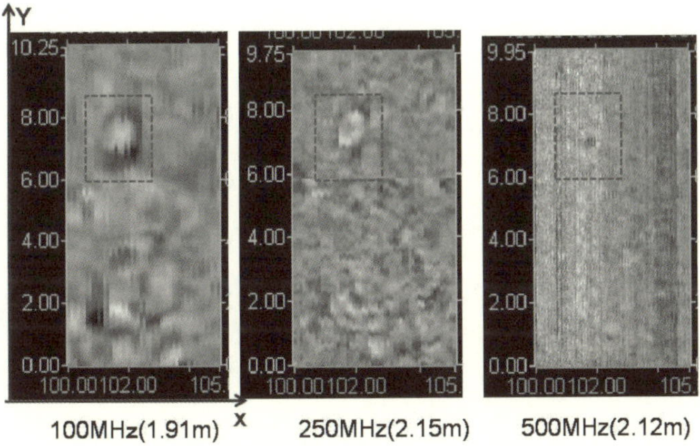

図4.28　奥の山古墳Cスキャン（深度：2m付近）

の電波速度 0.075m/nsec を仮定して深度を算定したが、実際には土壌水分率によって電波の速度は変化するため、図に示した深度は 10-20% 程度の誤差を含んでいる。

図 4.27 では深度 1.6-1.9m 付近の水平断面図を示している。横向きに広がる幅 50㎝（Y 方向）、長さ 2m（X 方向）ほどの長方形の物体が 100MHz のデータ（X=103, Y=6）に表れており、250MHz、500MHz でも同一地点に影が見える。長方形の長軸はほぼ東西に沿っており、奥の山古墳全体の長軸からはやや傾いている。この物体は深度方向に 50㎝程度の広がりを持っている。GPR 波形から、この物体の材質や性状を正確に推定することは難しいが、形状や大きさから、築山に含まれる土壌ではなく、何らかの構造物があると考える方が自然である。ただし、これが石室であるとか、

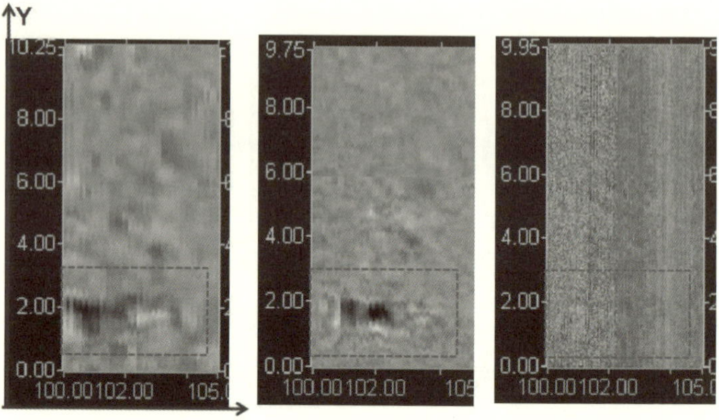

図4.29　奥の山古墳Cスキャン（深度：3m付近）

内部が空洞か土に埋もれているかなどの推定については、測定した情報からだけで判断することは難しい状況である。

またそのやや上方（X=101, Y=8）に、孤立した点のような異常体が見られる。これは、玉石のような孤立した、直径30㎝程度の物体からの反射波であると推定できる。

図4.28は深度2m付近の水平断面図であるが、3つの周波数に共通した位置（X=102, Y=7）に点状の異常物が見える。この物体は、やはり玉石のような円い形状をしているが、やや大きく、直径50㎝程度かもしれない。材質は天然の石か、人為的に埋設された何らかの物体であるかの識別はこのままでは難しい。

更に図4.29に深度3m程度の水平図を示すが、500MHzを除き、横向きに広がる幅50㎝、長さ2mほどの異常体が（X=102, Y=2）確

図4.30　鉄砲山古墳全景

認できる。この物体も長方形であり、深度2.5mから3m付近に存在している。この物体は奥の山古墳全体の長軸にほぼ沿って存在してることがわかる。

2.3.2.　鉄砲山古墳

埼玉古墳で埋葬施設の調査が行われているのは、稲荷山古墳と将軍山古墳の２基であり、その他、中の山古墳については伝承で、横穴式石室であろうと予想されている。我々が奥の山古墳後円部墳頂において、3DGPRシステムを利用した計測で、幅50㎝、長さ２mの物体が２地点で検出されるなどの成果を上げることができたことを受け、次に鉄砲山古墳部墳頂部とレーダー探査を周濠前方部南東コーナーで行うこととした。

図4.31　鉄砲山古墳括れ部現況

図4.32　鉄砲山古後円部墳頂現況

図4.33　計測地点 前方部南東コーナー部（Site1）と墳頂部（Site2）

鉄砲山古墳は、埼玉古墳群の中では、二子山古墳、稲荷山古墳に次ぐ 3 番目に大きな前方後円墳で、墳丘長 109m である。南にある奥の山古墳に外堀が検出されたことで、整備事業が鉄砲山古墳の南側に及び、整備完成標高に段差が生じてしまうため「史跡埼玉古墳群保存整備協議会」で承認を得て、鉄砲山古墳の整備に取り掛かることとなった。鉄砲山古墳は、昭和 54・58 年に調査が行われ、古墳の東側・西側に二重周堀が存在することが知られている。さらに平成 19・20 年に行った奥の山古墳との関係をみるための調査では、遺構どうしの重複関係は確認されなかったが、鉄砲山古墳の中堤内堀、外堀は奥の山古墳を避けたためか、古墳の東西で確認された中堤内掘、外堀に比べて幅が狭い設計となっている。

図4.34　前方部南東コーナー部

墳丘は、西側の括れ部付近が土取りされたように抉れているほかは、墳形は比較的良く残っている。一方後円部墳頂よりやや下がった部分には、数か所の窪地が認められることから、盗掘を受けている可能性が考えられる。

ここで我々が探査を実施した箇所は、図4.33に示す前方部南東コーナー部と墳頂部の2ケ所である鉄砲山古墳でGPR計測に使用した機材は、奥の山古墳での計測とほぼ同一であるが、3種類の周波数のGPRアンテナを利用し、結果を比較した。GPR計測を行う上で、周波数の選択は計測対象物とその深度から慎重に選定する必要がある。

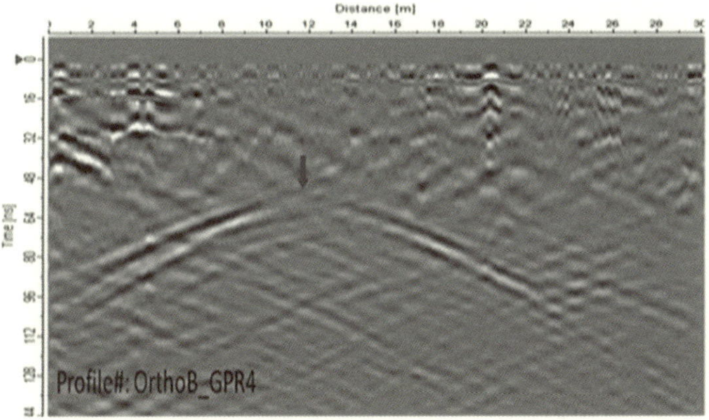

図4.35　前方部南東コーナー部でのGPRプロファイル（Bスキャン）の一例。矢印に双曲線頂点を示す

(1)　周濠前方部南東コーナー部

本サイトは土壌が湿潤であること、また周堀遺構が深さ数 m に及ぶことが予想されたため、100MHz のアンテナを使用して計測を行った。図 4.35 に計測した代表的な GPR プロファイルの B スキャン（垂直断面図）を示す。地中に水平的な地層の境界面や、孤立した反射体が存在するとき、電波はその縁端部で回折されるため、GPR プロファイルでは図中に矢印で示す双曲線として現れる。双曲線の頂点を水平面上で結べば、反射を起こす物体の形状が確認できる。現場では GPR プロファイルを直ちに確認し、異常体の見られる地点にペグを打ちながら、異常体の連続して現れる方向を予想しながら計測を進めた。図 4.36 に GPR 計測から得られた推定反射体の構造を示す。

(2)　墳頂部

墳頂部の計測は比較的平坦な区域を選んだが、周端部は常に斜面にかかっていた。計測は100MHz、250MHz、500MHzのアンテナを利用したが、異なるアンテナによる計測でも同じ位置に異常体が見られており、明確に地下埋設構造の存在を示している。

図4.37に250MHzで計測した垂直断面図を示す。本図では深度約6mまでの範囲を示している。深度約2mと4mに、明瞭な双曲線状の反射波が捉えられている。

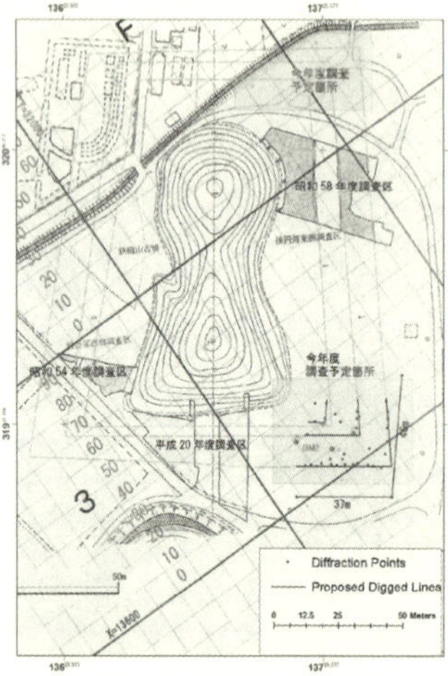

図4.36　GPR計測から推定される反射体構造点が双曲線の頂点位置を示す

図4.38に250MHzで3DGPRにより得られた水平断面図を示す。深度2.52mでは細長い形状の物体が確認できるのに対して深度3.93mでは1m四方程度の大きさを持つ物体が数個存在するようにも見える。

図4.39に、3DGPRで得られた信号にマイグレーション処理を施して得られた水平断面図を示す。マイグレーションは電磁波の回折効果を相殺し、本来の地下構造をより正確に再現するために利用される。

以上のGPR計測で得られた結果について考察を進めた。まず

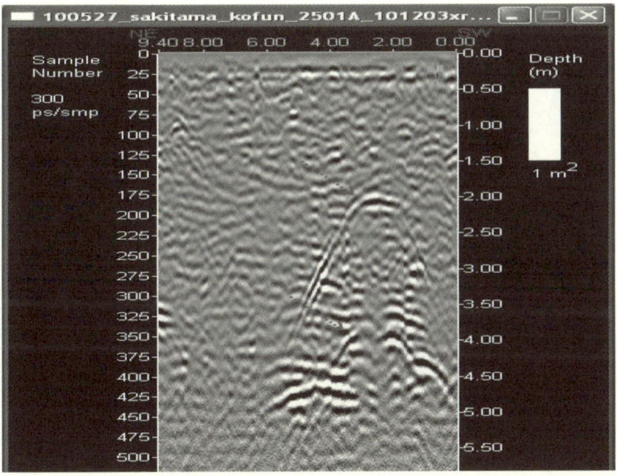

図4.37　墳頂部のBスキャン（250MHz）

周濠前方部南東コーナー周堀部分のレーダー探査は南北約 46 m、東西約 37 mの範囲で実施した。この範囲は、今年度発掘調査の対象となっている箇所であり、レーダー探査と発掘調査の成果を比較検討することが可能となった。

鉄砲山古墳の周堀については、昭和 54・58 年度、平成 20 年度に発掘調査が行われており、図4.36に示したように復原プランが想定されている。

なお、鉄砲山古墳の周堀底の標高は昭和 58 年度調査によると約 17.3 m、平成 20 年度の調査によると約 17.2 mであった。また、調査範囲を含め鉄砲山古墳周辺は、昭和 40 年代の公園整備により、現地表から 50㎝ほどの深さまでは客土されている。

今年度の発掘調査はレーダー探査終了後に開始した。外堀、中

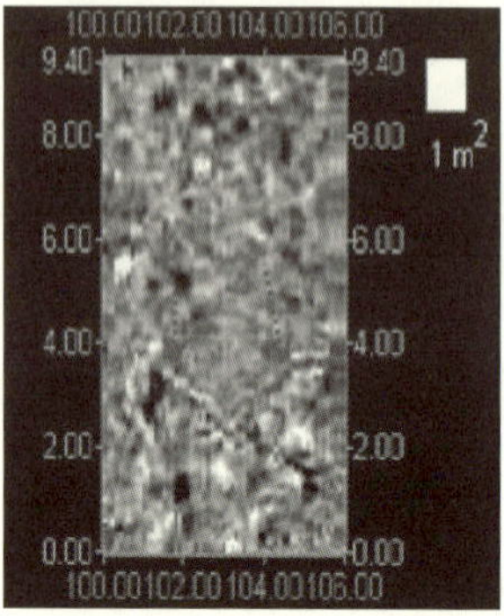

(a) 深度2.52 m

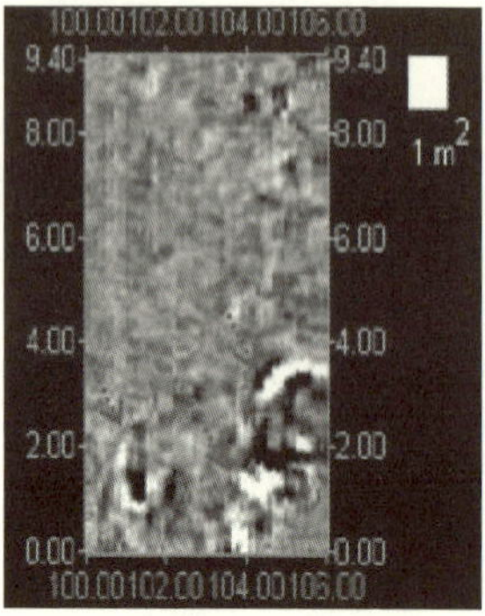

(b) 深度3.93 m

図4.38　3DGPRによる墳頂部のCスキャン（250MHz）

堤、内堀の位置関係を把握するため、東西方向、南北方向に細長いトレンチを設定したほか、外堀と内堀のコーナーが想定される個所にもトレンチを設定した。

GPR探査結果によると特に外堀外側推定プランに対応するピークが地表から1m付近で検出されている。今年度の発掘調査の知見では、地表下1m前後でローム層となることから、ローム層に掘りこまれている遺構等に反応したものと考えられる。

外堀の検出が予想された第1トレンチ、第2トレンチ、第4トレンチでは、ローム層検出面（標高約17.1 m）まで近世以降の耕作、特に昭和初期の耕地整理などが及んでいて、外堀プランは検出できなかった。しかし、第2､4トレンチではわずかながら外堀の覆土が検出され覆土内から埴輪がまとまって出土している。

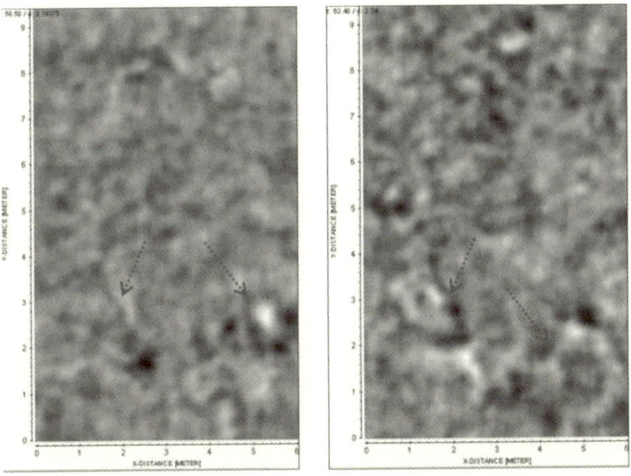

(a) 深度 2.52 m　　(b) 深度 3.93 m

図4.39　マイグレーション処理後の墳頂部の水平断面（250MHz）

図 4.36 をみると、ピーク値のポイントは第 3、4 トレンチの推定外堀外側プランに沿うようにプロットされている。発掘調査では、この部分で近代の耕作に伴う溝が確認されている。この溝は、ローム層を掘りこんでいて地表下 1m を超えると湧水している。レーダーは土中の水分率の変化点に反応するという特性があることから、この溝をとらえたものと思われる。

また、内堀は第 5 トレンチで確認できたが、中堤側は内堀の肩を破壊するように近世の溝が並行して走っている。GPR 探査によるとこの部分でもピークがみられるが（図 4.35）これはこの溝に反応した可能性がある。

後円部墳頂部の探査では、墳頂より深度 2 m と 4 m 付近で反応があった。深度 2 m 付近の反応は、長さ約 2 ～ 3 m の棒状の反応でその周囲には構造物等の反応は無く、単体で埋まっているようである。材質は不明であり、遺構らしき反応も認められないことから埋葬物あるいは、副葬品との判断はできない。

深度４ｍ付近では、大きな石状の物体が同じ深さで4,5個ばらばらに反応している。これらは、連続はせず単体で反応している。なお、四隅が反応する場合もあったが、現状では情報量が少なく構造物とは判断できない。

鉄砲山古墳の埋葬施設形態については、鉄砲山古墳に隣接して近い時期とされる瓦塚古墳において、横穴式石室の開口が予想される後円部墳丘東側が、かなり削平されていたにもかかわらず、石材の痕跡が見当たらないことから、鉄砲山古墳についても主体部は竪穴系の埋葬施設で、いまだ横穴式石室を採用していない可能性があると指摘がある（増田1995）。また、一方では横穴式石室であろうとする考えもあり、現状では判断が付いていない。

今回の探査では、墳頂下４ｍまでは均質な土で墳丘が構築されていることがわかり、奥の山古墳で見られたような反応は確認されていない。しかし４ｍ付近では、比較的大きな物体の反応を得ていることから、埋葬施設の一部をかすっている可能性は否定できない。

参考文献

小川良祐　2003　『ワカタケル大王とその時代』山川出版社

佐藤源之・井上克明　2010　「奥の山古墳の地中レーダ探査実験について」『埼玉県立史跡の博物館紀要』第４号

増田逸郎　1995　「北武蔵における初期横穴式石室導入期の様相」『調査研究報告』第8号
佐藤源之・横田裕也・西口正純・末木啓介 2011「鉄砲山古墳の地中レーダ探査実験について」『埼玉県立史跡の博物館紀要』第5号

2.4.　合戦原古墳群（宮城県山元町）

合戦原古墳群は5-6世紀に築造された数基の古墳から成る古墳群である。合戦原古墳群のある山元町は東日本大震災による津波被害で、町の海岸部が壊滅的な被害を受け、住宅の高台移転が急務となった。その移転予定先の一つがこの地域であり、遺跡を保存しながら宅地造成の計画を進めるために古墳群の遺跡調査を行う必要があった。ここでは、掘削を伴う本格的な遺跡調査を始める前に、GPRによる調査を行うことで、効率的な発掘調査を計画することを目的とした。

宮城県文化財保存課および山元町教育委員会との協議の結果、まず一号墳と呼ばれる直径約17メートルの円墳に関して、墳頂部における埋設物有無の確認と、その位置の特定ならびに前方後円墳である可能性の確認という観点からのGPR計測を計画した。

図4.40に示した地形図に見られるように、一号墳の墳頂平坦部は直径7メートル程度とそれほど大きくはなかったため、比較的小規模な発掘調査によってその埋設物の有無を確認できる。しかし、どのようなものが、どこに埋まっているかを知ることができれば、その後の調査を効率的に進めることができる。さらに、不必要な掘削をせずにすむことから、その後の遺跡保存のためにも有効である。

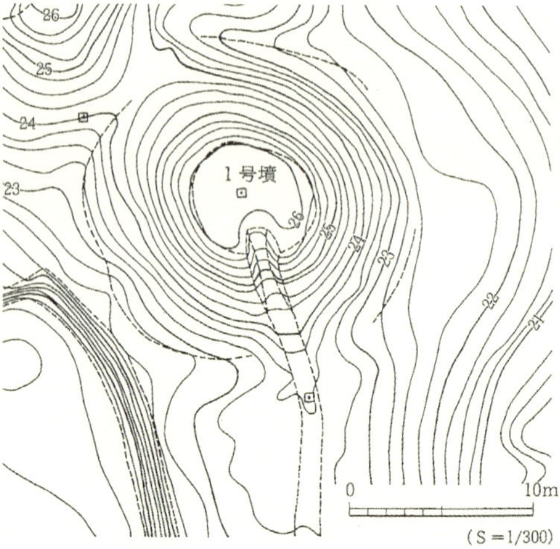

図4.40　宮城県山元町合戦原古墳群一号墳の地形図（青山他　2000）

この古墳は円墳と言われてきた。しかし、その周辺の地形より、前方後円墳であったものがこれまでの土地利用において後方部が削られてしまった可能性がある。そこで、その後の調査の範囲を決めるためにも、前方後円墳である可能性の確認が必要となった。

合戦原古墳群は雑木林に覆われていたので、GPR 計測時に下草の除去を行った。また周囲に比較的大きな木が残っていた。各古墳に続く踏み分け道はあるが、広くても幅が 1 メートル程度であり、幅の広いアレイ型の GPR 装置は使用できない。また、通常型の GPR 装置でも、狭く起伏の激しい山道を引っ張ることを考えると、低い周波数のアンテナではその幅や重量が問題となる。そこで探査深度は 2 ～ 3 メートルとなってしまうが、外形が比較的小さい 500MHz アンテナを使い、木の間を縫って測定を行う

図4.41　トータルステーションを用いた合戦原古墳墳頂部での地中レーダー計測

ことにした。

測定したGPRによる埋設物や地中構造の画像化に必要な、GPR装置の位置情報取得の方法として、トータルステーションを用いた。これは、3DGPRでは立木によってレーザー送信機を複数設置することが難しく、また測距輪では地形の変化に対応できないことによる。

墳頂部における調査では、まず、中心を横切るように何度も地中レーダー測定を行い、墳頂部の縦断面を得た。この測定においてトータルステーションは、なるべく墳頂部全体を見渡せるように、図4.41に示すように墳頂部の端に設置した。これは、トータルステーションとアンテナ間の直線上に、視線を遮る障害物が来ないようにするためである。

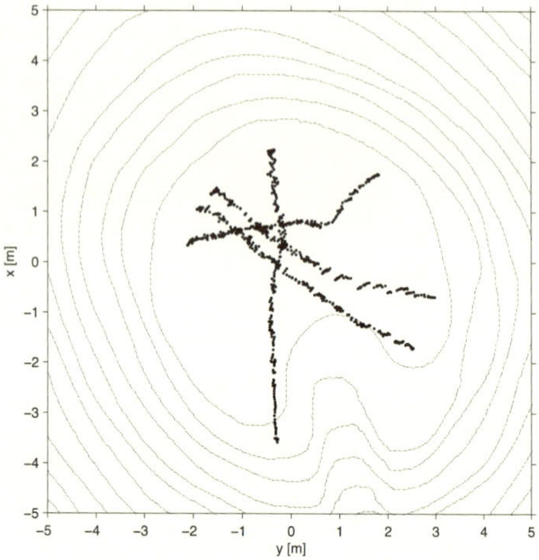

図4.42　合戦原古墳墳頂部のアンテナ走査軌跡

この測定で記録されたGPRアンテナの軌跡の一部を図4.42に示す。この軌跡で得られたGPRデータを図4.43に縦断面として3次元的に示す。測量時の座標点が二点以上あれば、その位置を地中レーダー測定に用いたトータルステーションの座標系で測っておくことで、図4.43や図4.44のように後から地中レーダーのデータを地形図と重ねることができ、埋設物の位置が分かりやすくなる。

図4.43において、地中浅部には土壌の不均質や樹木の根によると思われる小さな反応が複数確認できる。しかし、墳頂部左側ではこれら小さな反応とは異なって見える、まとまった顕著な反応が深度約0.5m付近で確認できる。墳頂部に何か埋設物があるとすれば、この反応ではないかと考え、この位置を中心にしてさら

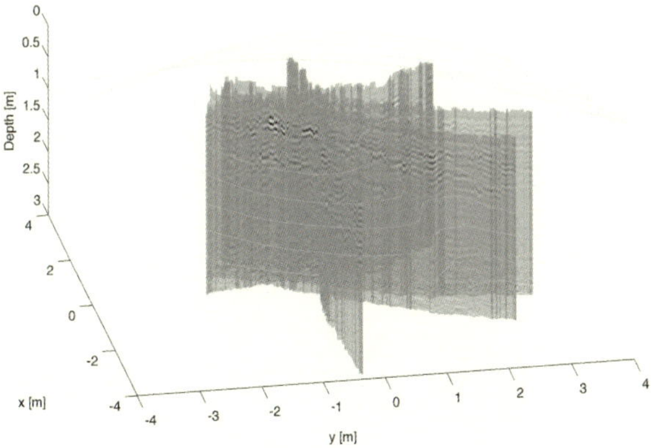

図4.43　墳頂部の地中レーダー縦断面

に地中レーダー測定を行うことにした。

埋設物の正確な位置や形を知るためには、地中の水平断面を確認することが有効である。そこで、水平断面を得るために、墳頂部のある程度の広さで地中レーダーをくまなく走査した。ここでもトータルステーションを使うことで、測線の設定などが必要なく、比較的簡便に測定を行うことができる。この測定で走査したアンテナの軌跡を図 4.44 に示す。墳頂の平坦部全体を覆うことができればよかったが、周囲の木が邪魔になっていたため、縦断面で顕著な反応があった箇所を中心として測定を行った。ここでは横約 2 メートル、縦約 4 メートルの範囲をメジャーで囲んでおき、その範囲内で地中レーダーのアンテナを横に何度も往復させながら縦に少しずつずらすことで、その測定範囲全体を測定した。こ

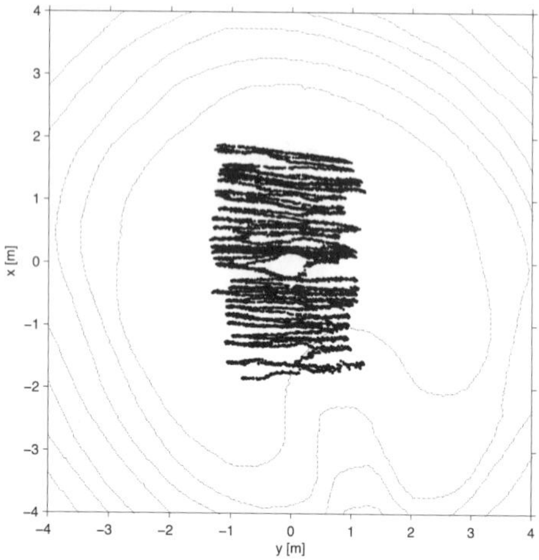

図4.44　墳頂部地中レーダー計測におけるアンテナの軌跡

のとき、アンテナは5センチメートル程度の間隔でずらしていった。

地中レーダーによる水平断面を確認する前に、まずこの測定による縦断面を確認してみる。ここでは縦軸は深度で、横軸は地中レーダーのデータ数である。深度はTDRで測定した土壌の水分率をもとに、電波の伝搬時間から深度に変換してある。この図では、深度1メートル程度のところに反応が繰り返し現れている。これはある程度の大きさを持った埋設物または地下構造の上をアンテナが繰り返し往復したことを示している。実際には、1メートルよりも浅いところで、これらの反応に応じた変化が見えることから、もっと浅いところに何かありそうなことがわかる。

この地中レーダーのデータを、トータルステーションを使って

図4.45　墳頂部地中レーダー計測の様子

取得したアンテナの位置データと合わせることで、図4.47に示すような地中の水平断面（Cスキャン）を作ることができる。この図では深度0.9メートルから1.8メートルまでの地中レーダーの反応を足し合わせて示している。これは、もし埋設物や地下構造が水平断面（GPRアンテナを走査した面）に対し傾いていた場合、ある一つの深度では全体の形がわからないためである。ある程度の深度を足し合わせることで、傾いた構造でも全体の形を確認することができる。更にデータに対する適切な深度方向のゲイン調整や、時間信号の包絡線を使うなどの信号処理により明確にすることもできる。

図4.47に示した水平断面では、左上に大きな反応が現れている。さらに、その形は測定範囲に対して傾いている四角形の一部のよ

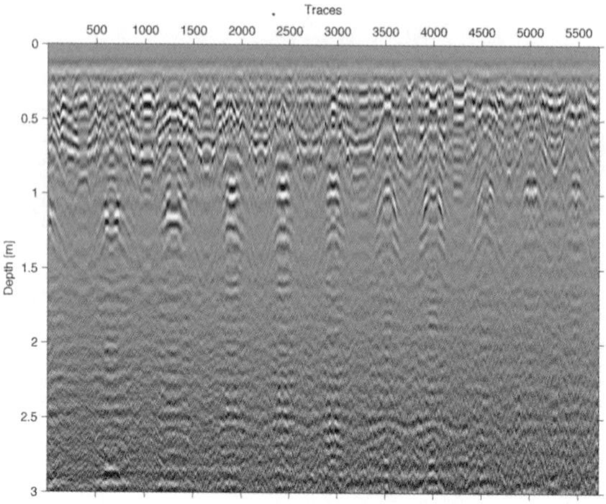

図4.46　地中レーダー計測による墳頂部のBスキャン。アンテナ走査に従って、同一の対象物を複数回観測している

うに見える。また、四角形の角に当たる二地点では周囲よりも大きな反応となっている。GPR計測では四角形の角のような尖った部分では、大きく複雑な反応を示すことが知られている。このことからも、このまとまった反応が四角形の埋設物によるものと推定できる。

前方後円墳である可能性の確認では、墳裾部の地下構造に着目した。多くの古墳がそうであるように、この合戦原古墳群一号墳でも古墳周囲には堀があったことが予想されている。円墳であればこの堀も円形、前方後円墳であれば堀は円形と方形が組み合わさった形をしているはずである。そこで、くびれ部を中心に、地中の縦断面を観察し、堀の形状を推定することにした。

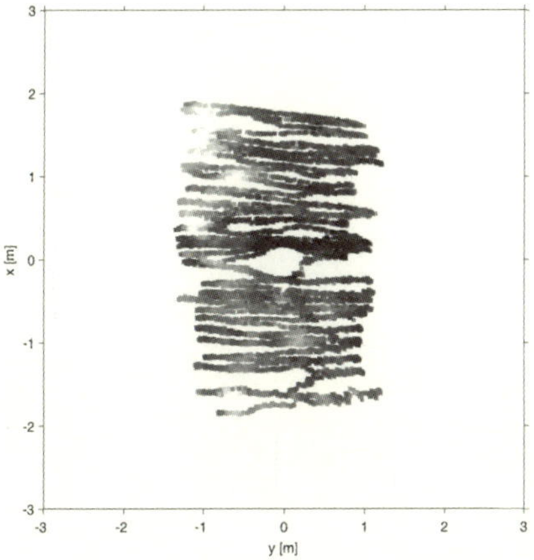

図4.47　地中レーダーによる墳頂部の水平断面

ここでもトータルステーションを使ったGPR装置を用いた。しかし地形や周囲の樹木によりに遮られ、一カ所で全てを見渡せる場所はなかったため、GPR計測を数回に分けてトータルステーションを移動させたが、その都度基準点の測定を行うことで一つの地形図に重ねた。

地表面に起伏がある斜面では、ただ単にアンテナを引っ張ってしまうとアンテナが跳ねてしまう。このような状態では、アンテナが地表面にきちんと接地せず、地中からの電波の反射をうまく受信することができない。また、アンテナの動きによってデータが不安定になってしまい、地中からの反射ではないものが反射のように見えてしまうこともある。そこで、アンテナを地面に押しつけて、安定した状態で動かす必要がある。

図4.48　墳丘斜面での地中レーダー測定

図4.49に墳丘を横切るように測定した結果を示す。ここに示した地中の縦断面では、地表面近くに細かい反応が多数観察できる。これは、表土の不均質や樹根によるものである。この反応が、墳裾部では一部深く分布しているように見える。これがかつて周壕であった部分であり、ここに表土が周囲よりも厚く堆積していると考えられる。したがって、この一部深くなっているところがあるということは、堀を横切っているということである。このような測定を墳裾部においていくつか行ったが、ほとんどの場所で一部深くなっている地下構造が確認できた。

さらに、一号墳の円形部に沿ったGPR計測も行った。もしこの古墳が前方後円墳であり、堀がそのくびれ部で屈曲していた場合は、円形部に沿った地中の縦断面にはくびれ部で地下構

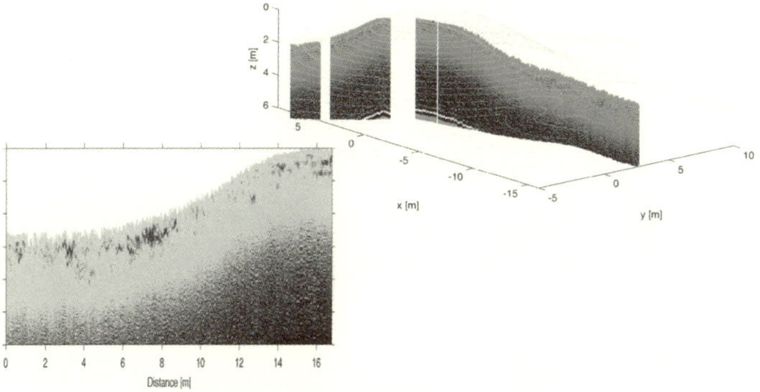

図4.49　墳丘を横切る地中レーダー縦断面

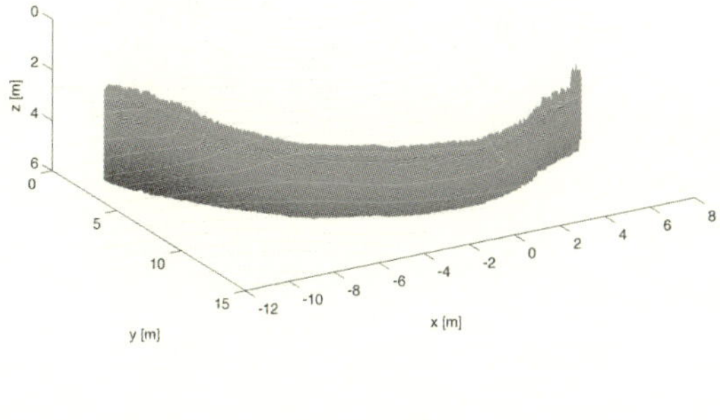

図4.50　円形部に沿った地中レーダー縦断面

造の変化が現れると考えられる。図4.50にそのデータを示すが、そのような不連続ははっきりとは確認できなかった。したがって、このGPRデータからは一号墳ははじめから円墳であったと推測できる。

参考文献

青山博樹、岩見和泰、鈴木朋子、田原由男、藤沢敦「宮城県山元町合戦原古墳群の測量調査」宮城考古学、第2号、2000年5月

3. 建物内部での探査

3.1. 建物内部の遺跡探査手法

石造の教会、寺院などの床面でGPRによる遺跡調査は、世界各地での実施例が報告されている。この場合、ある程度の大きさの平らな床面があれば、屋外での通常のGPR計測手法はそのまま適用できる。これに対して我が国の主要な文化財は木造建築が大多数であり、その構造上床板は地面から数十cm上にあるため地表面での遺跡調査は難しい場合が多い。しかし重要な文化財建築物の解体修理や修繕に伴い、床板を外して建物基礎部の地面が露出するような場合、通常は実施できない位置での遺跡調査が可能になる場合がある。

しかし多くの場合、建物の礎石、また礎石上の柱は原位置にあるからGPRアンテナを直線状に走査できる範囲が短く、明瞭な結果を得ることが難しい。このとき、第3章で紹介したアンテナ

図4.51　計測時の瑞巌寺本堂内部

位置を計測しながら GPR 計測を行う手法が威力を発揮する。

3.2.　瑞巌寺（宮城県松島町）

伊達政宗によって 1600 年頃に創建された宮城県松島町の瑞巌寺本堂は、2009 年度より解体修復を行った。東北大学は松島町の依頼によって本堂の基盤部で 3DGPR 計測を 2011 年 9-10 月に実施した。本堂内部は壁や床がすべて取り外され、柱と構造体だけが残されている。建造物の調査では、地表面の礎石や複雑な部分的な開削などによって平面部分は限られており、GPR 装置の直線的な移動すら困難である。3DGPR では測線の設定は必要なく、GPR アンテナが不規則に動いたとしてもその位置情報をすべて計測に利用できるという優れた特長をもつ。

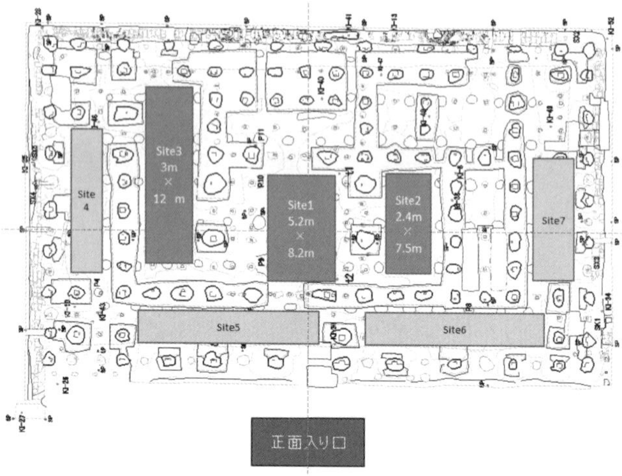

図4.52　瑞巌寺本堂の3DGPRによる計測範囲

本堂内部は図4.51に示すように壁や床がすべて取り外され、柱と構造体だけが残されている。地表面上には多数の礎石と柱があるため、通常のGPR計測は適用できない。3DGPRでは通常の巻き尺などを用いた測線の設定は必要なく、また非常に狭矮な場所でGPRアンテナが不規則に動いてもその情報をすべてCスキャンの作成に利用できるという優れた特長をもつ。図4.52に設定した計測範囲を示す。

3DGPRで計測されたデータは、水平断面（Cスキャン）として表示され、深度毎の水平面が表示できるので、連続して深度を変えることで地中の3次元的な構造を透視することができる。

ただし、電波は小さな礫などの他、地層の違いによっても反射を受ける。したがって、柱を掘り込んだ孔を土で埋め戻すとその

図4.53　孔雀の間

跡からも強い電波が反射される。また発掘によって、地表面が平らでないと、その影響が深部にまで及ぶことがある。更に電波は広がりをもつため、小さな石から波紋のような波が現れる。こうした諸原因で、3DGPR の画像には多数の反射波が虚像として現れることに注意する必要がある。

「孔雀の間」の計測結果について図 4.54 に深度毎に表示した C スキャンとそこから検知した埋設物の形状と位置を示す。この結果、顕著な埋設物として以下を推定した。

1. 深度 30-40㎝で北側に東西に並ぶ石列
2. 深度 60-70㎝で、南側に東西に並ぶ石列
3. 深度 60-70㎝で、北側にやや大きな礎石のような形状の物体

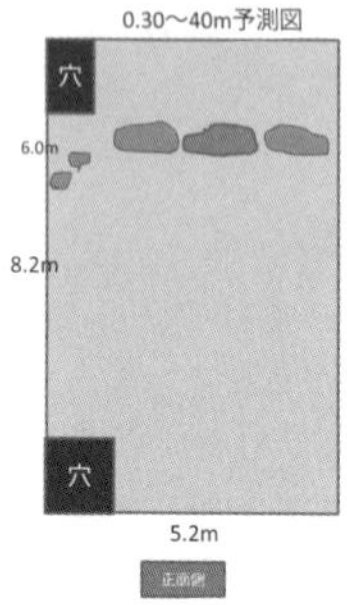

(a)0.3-0.4m　埋設物推定図

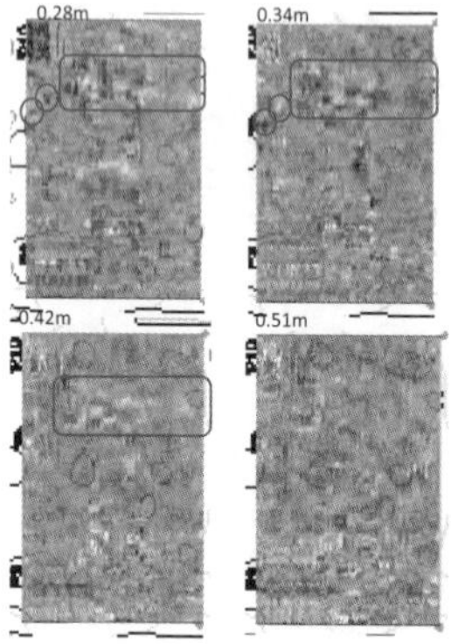

(b) 深度ごとのGPRプロファイルと礎石位置

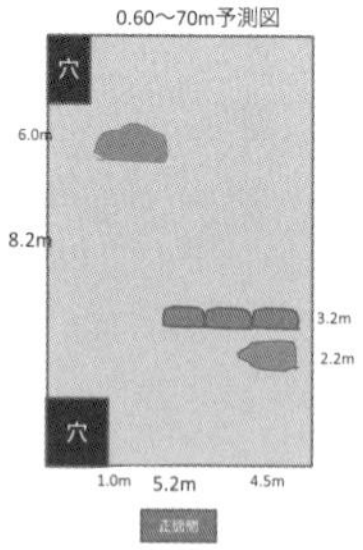

(c)0.6-0.7m　埋設物推定図

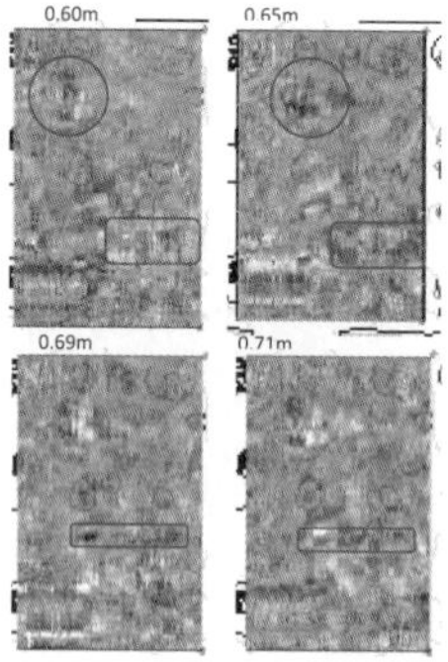

(d) 深度ごとのGPRプロファイルと礎石位置

図4.54　「孔雀の間」付近の埋設物推定図ならびに深度ごとのGPRプロファイルと礎石位置

図4.55　文王の間

「文王の間」について、図4.56に深度毎に表示したCスキャンとそこから検知した埋設物の形状と位置を示す。この結果、顕著な埋設物として以下を推定した。

1. 深度20cm程度で多数の礫。
2. 深度40cmで西側に長く沿う石列。
3. 深度1mで北側に東西に並ぶ石列。
4. 深度1.3mで中央付近に東西に並ぶ石列。

これらを統合し、図4.57に地下埋設物の存在が予想される地点を示した。深度30cmから1m程度にいくつかの連続した構造が確認できる。またこうした探査結果に基づき、2011年9月の修理専

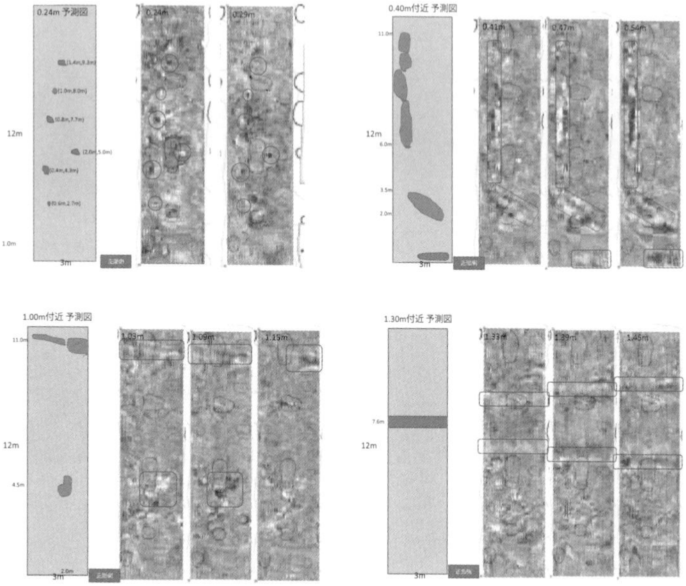

図4.56　「文王の間」付近の埋設物推定図ならびに深度ごとのGPRプロファイルと礎石位置

門委員会でトレンチ調査の実施が決定された。

2011年11月からの掘削調査により、図4.58にように我々が指摘した位置に石積みの構造が確認できた。これは、瑞巌寺が建設される以前に同じ場所に建立されていた円福寺に付随する深さ1.1m以上の方形の池跡の遺構であると思われる。円福寺の遺構は、現状の地表面より50cm程度の深さにあると予想されており、我々が指摘した1m程度の遺構は当初注目されなかったが、掘削検証の結果、深部の遺構が確認された。

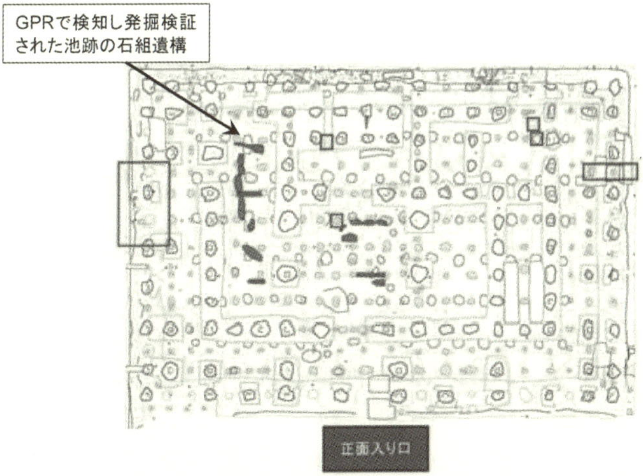

図4.57　瑞巌寺本堂の礎石位置図に合わせて表示したGPR計測で推定した埋設物位置。
枠はGPR計測時以前に発掘調査を行った箇所を示す。

図4.58　GPRで検知し発掘検証された池跡の石組遺構

今回のGPR計測範囲のすべてが発掘検証されてはいないので、顕著にGPR探査結果が遺跡調査に貢献したわけでは無い。しかし一例ではあるが掘削による遺跡調査により、当初の予想を超える深部の構造を、正確に把握できることを示した。こうした調査は掘削するにしても、掘削前の事前情報として遺跡保護に役立つと確信している。

参考文献

佐藤　源之、付章2　瑞巌寺本堂における地中レーダーによる地下埋設物推定、瑞巌寺境内遺跡、瑞巌寺本堂他七棟解体工事に伴う発掘調査報告書、松島町文化財調査報告書第5集, 松島町教育委員会、pp143-148、2014。

4. 地下深部にある遺跡の探査

4.1. 仙台城（青葉城）（宮城県仙台市）

仙台城（青葉城）は伊達政宗によって1600年頃に築城されたが、天然の山を利用して石垣を構築する際、沢筋では雨水が土砂を流出するなど、地理的に必ずしも強固な構造ではなかったと思われる箇所がある。また第2次世界大戦以降、仙台城の石垣直下を通る道路の交通量が増大し、石垣の緩みが目立つようになったため、大規模な修復工事が築城400年を迎える2000年前後に行われた。本工事では石垣全体を解体した後、原位置に石垣を修復し構造の強化を行った。しかし石垣の内部構造について文献等からだけで十分理解することが難しく、解体以前に探査を行うことで遺跡の

図4.59　解体修理中の仙台城石垣（2000年）

理解と解体に伴う遺跡の破壊防止、更に解体工事の計画立案等に役立てることが計画された。

東北大学は仙台城において異なる種類のGPRを利用した遺跡探査を実施した。図4.60は石垣内部の土砂を取りのぞいた後に実施した斜面でのGPR計測で、未発掘の石の列を確認できた。仙台城の石垣は17mの高さがあり、通常のGPR技術での探査は非常に限られる。そこで、我々は通常の地表面上でGPRアンテナを走査する計測に加え、既存の水井戸（ボアホール）を利用したボアホールレーダーで5m以上の深部を探査することとした。そのために地表に送信アンテナを置き、ボアホール内部にロープで受信アンテナを懸下した。こうすることで、受信アンテナよりも下部に位置する埋設構造からの反射波を捉えることができる。こ

図4.60　仙台城石垣におけるGPR計測

うしたレーダー計測手法をVRP（Vertical Radar Profiling：垂直レーダー探査）と名付けた。

図4.61は仙台城の石垣を対象として実施したVRP計測の実データである。このとき送信アンテナは固定して受信アンテナをボアホール中で昇降しながらデータを取得した。次に送信アンテナの位置を変え同様に受信アンテナを昇降させてデータを取得する。データは送受信アンテナ間を直接伝搬する直達波と、周囲の地層から反射を受ける反射波の合成となる。図4.62に仙台城で得られたVRPによる南東・南西方向の垂直構造断面図を示す。深度20m程度まで石垣内部からの構造が推定できており、これらは石垣内部の石組み構造であることが後に判明した。

この計測では地表の受信アンテナをボアホールの位置から扇状

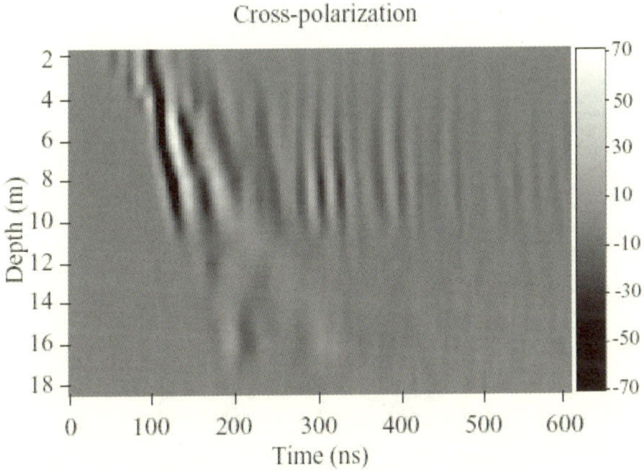

図4.61　VRP計測レーダープロファイル

に測線を展開し計測を行うことでボアホール周囲の 3 次元的なイメージングを行った。更に GPR で得られた情報に基づき地中断面構造の推定を行ったのが図 4.63 である。右側に石垣表面があり、VRP 計測によって深度 20m 程度までの内部構造を明らかにした。深度 7m に非常に強い反射があり、大きな物体の存在を予想した。VRP 計測後本地点で開削を行ったところ、石垣の内部構造が存在していたことが分かった。

一方、地表面から通常の地中レーダー計測で得られた GPR プロファイルを図 4.64 に示す。CMP 処理と呼ばれる、信号の加算処理を行うことで、特に深部の構造を明瞭に表している。ここで得られた仙台城の垂直構造は深度 5m 程度のイメージングが行われており、排水のために作られたと思われる斜めの礫層を検出す

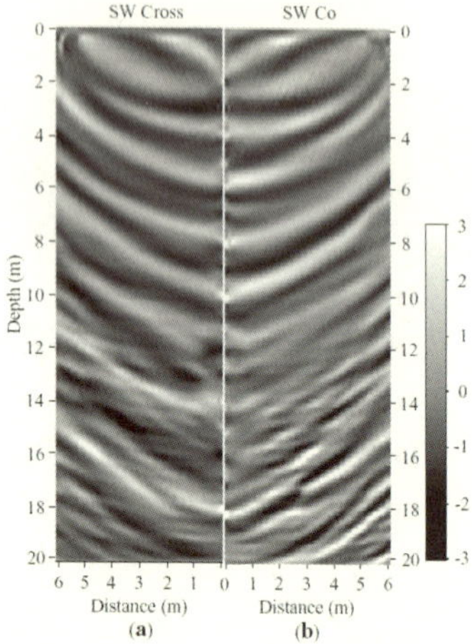

図4.62　マイグレーション処理後のVRP波形

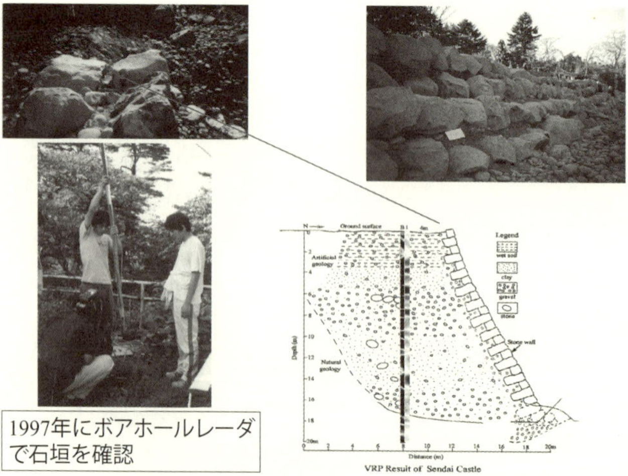

図4.63　VRP法で予想した仙台城石垣内部構造

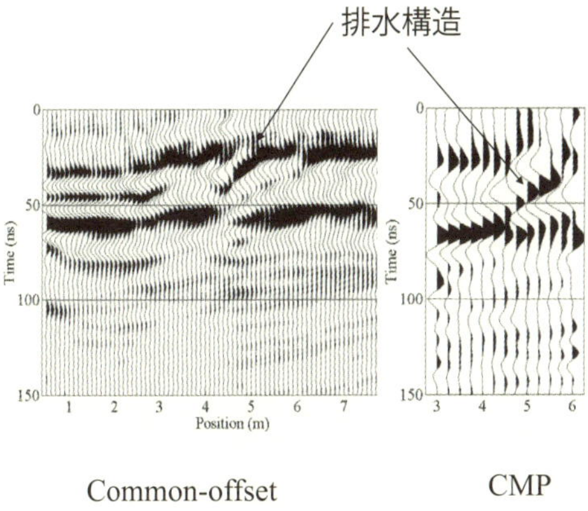

図4.64　CMP法で明らかにした排水構造

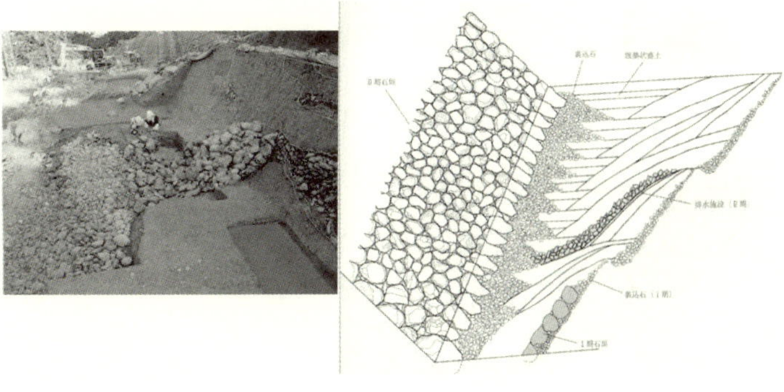

図4.65　仙台城石垣の排水構造

ることができた。

参考文献

佐藤、路原、新妻：バーティカル・レーダ・プロファイリングによる地下構造の推定法と群馬県田尻遺跡応用 , 物理探査 , 50, 196-207, 1997.

佐藤、周：VRP 法による仙台城石垣内部構造の地中レーダ計測 ,1998 年電子情報通信学会エレクトロニクスソサエティ大会 ,SC-1-8,1998.

H. Zhou,M. Sato Archaeological Investigation in Sendai Castle using Ground-Penetrating Radar, , Archaeological Prospection, vol.8,pp1-11, 2001 年 3 月

5. 奈良文化財研究所による遺跡探査実施例

5.1. 平城宮東方官衙

探査の概要

平城宮は奈良県奈良市に所在する国特別史跡である。大和盆地の北端部に位置し、710 年より 784 年まで我が国の首都であった平城京の宮城として大極殿院や朝堂院などの政務空間や二官八省などの中央行政機関および天皇の住居である内裏などがおかれていた。

大極殿院は恭仁京への遷都に応じて場所が移転するが、その南側にある朝堂院は奈良時代を通じて中央区と東区の 2 つが存在していることが明らかとなっている。東区朝堂院の東側は遷都以前は谷が存在していたと考えられ、地形的にやや低いが、この位置には官衙が存在していたことが想定されている。このため、この

周辺を東方官衙地区と呼称する。

平城宮は 1959 年以降、継続的に発掘調査が実施されており、多くの施設が概ね左右対称に配置されているとの想定によって各区画の東半部が調査されることが一般的であった。しかし、探査技術の向上により、広範囲を非破壊的手法で把握する方法が可能となりつつあることをうけて、東方官衙地区については、遺跡の保護と当該地区の土地利用状況の解明を目的として遺跡探査とより限定的な範囲でのトレンチによる発掘調査での確認を試みることとなった。調査は 3 回に分けておこなわれたが、最も良好なデータを取得した 3 回目の調査を中心に成果を紹介する。

探査の方法

対象範囲の測量後、GSSI 社 SIR-3000 と 400MHz アンテナを用いて探査を実施した。測線間隔は毎回ともに 0.5m である。

アンテナは、当初カートによる走査をおこなっていた。しかし、地表の凹凸によるノイズが目立ったことに加え、手持ち、カート、そしてそりによる同一測線におけるアンテナ走査法の比較を試みた結果、そりを用いてより地表に沿った形で探査をおこなうことで良好なデータを取得できる可能性が高くなったため、ここで扱う調査では専用に作成したそりを用いて作業を実施した。

探査成果と検討

探査範囲には、北側に隣接する個所の発掘調査で南北方向の基幹排水路 SD2700 の存在が確実視されており、探査でもその存在が確認できた。この排水路を境に東側では方形の強い反射に囲ま

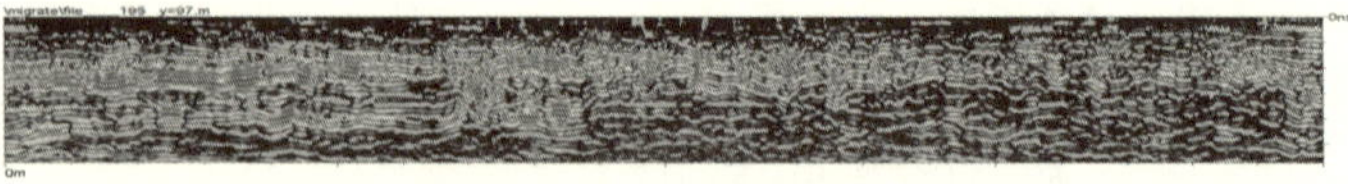

図4.66　Bスキャン（平城宮東方官衙）

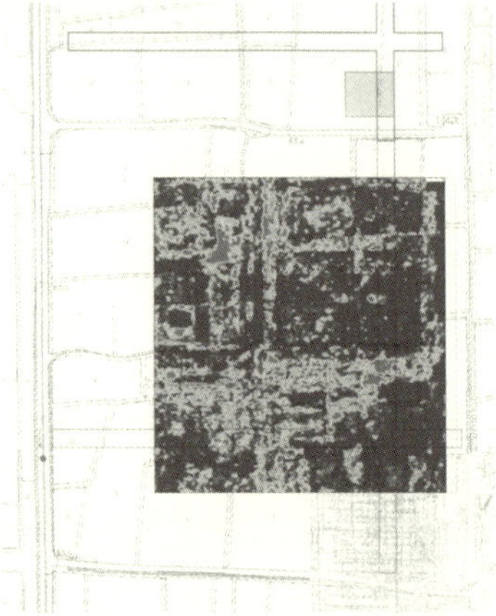

図4.67　Cスキャン（平城宮東方官衙）

れた中に等間隔の点状の反射が方形に並ぶ状況がみられた。このことから、築地塀に囲まれた中に建物が並んでいる状況であると想定した。建物と考えた部分の内、最も北側の点状の反射は反射が強いこと、また二重の方形に反射が並ぶことから四面廂礎石建物の可能性を指摘した。その他の一重のものについては、掘立柱建物か、あるいは礎石が抜き取られた状態にあると考えた。

また、築地塀と考えた方形の反射の南面中央部には方形に南側に張り出す形になっており、ここに門を想定した。

排水路西側は方形の反射の強い部分の中央に大小の反射が弱い部分があり、石敷の広場の中央に池あるいは井戸状の施設を持つと考えた。その北側には円形あるいは多角形の反射が回るが、これについては詳細不明である。

探査後すぐに発掘調査が実施され、建物を中心に発掘調査が実施された。この結果、北側は礎石建物、他は掘立柱建物であることが明らかとなった。また、築地塀も確認され、探査で得られた

図4.68　発掘状況

所見が明らかとなった。

　また、周辺における既往の調査では遺構の確認面が現地表より深いことが多かったが、ここでは探査の結果、浅い部分に礎石などが存在することが想定されたため、重機による表土の除去を慎重に実施することができた。遺構の情報を損ねることなく、よりよい調査をおこなう事前調査としての探査の有効性を示すことができた。

　当該地区は調査後も良好な成果を得ることができた地点として、機器の試験等に利用されている。礎石建物の部分を対象におこなったアレイ式 GPR の試験では、礎石建物の存在だけでなく、礎石の形状や状態の検討が可能な情報を得ることができており、多様な遺構に対する探査試験が可能な今後の技術試験の場として今後とも活用されていくものと考える。

参考文献

奈良文化財研究所　2010　奈良文化財研究所紀要 2010　奈文研

金田明大　2010 「いよいよ柱穴がみえてきた一発掘調査補助手段としての文化財探査一」文化財の壺創刊号　文化財方法論研究会

金田明大　2011 「古代日本の官衙・寺院遺跡探査の実践一奈良文化財研究所による近年の GPR 探査」『信学技報』2011-120　電子情報通信学会

5.2.　東大寺東塔院

探査の概要

奈良大仏で著名な東大寺は我が国を代表する大寺院であり、日本の総国分寺として信仰の対象となっている。大仏殿の東南に所在する東塔は大仏殿と並ぶ当代屈指の大建築物として造営されたが、天災や人災により今は基壇跡が残るのみである。

文献資料等によれば、東塔の周囲には回廊および門が存在し、院を構成している。塔および院の規模については天沼俊一氏の研究（天沼 1910）以来の議論があり、近年では箱崎和久氏の復元研究が注目されている（箱崎 2004）。しかし、発掘調査や探査は現在まで実施されていないため、地下の遺構に基づいた検討は情報がなく、より実態に即した検討が必要となっている。また、礎石や基壇外装の遺存の有無など、遺跡の保全に資する情報を蓄積することも必要である。このため、東大寺はその情報を得ることを目的に奈良文化財研究所と連携して探査を実施した（金田 2011・

2012)。

探査の方法

対象範囲の測量後、GSSI社SIR-3000と400MHzアンテナを用いて探査を実施した。測線間隔は塔の基壇部分は東西、南北それぞれに0.25m、それ以外の部分では0.5mで想定される築地に直行する形で走査をおこなった。

アンテナの走査はいずれも、専用に作成したそりを用いて作業を実施した。

探査成果と検討

塔基壇の部分では、礎石の想定位置に明瞭な反射をみることはできていない。奈良時代の礎石については基壇表面に心礎および礎石がおかれることがほとんどであり、これらは既に抜き取られていると考えられる。

基壇周辺は、浅い部分で幅の広いやや弱い反射がまずとらえられ、更に深いところでは明瞭な線状の強い反射がみられる。前者は基壇

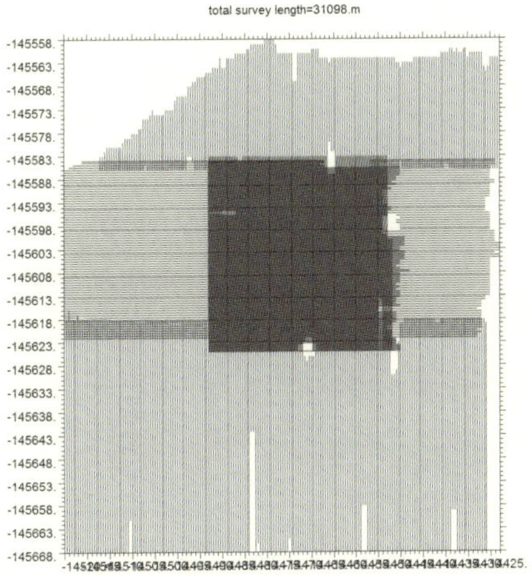

図4.69　探査測線

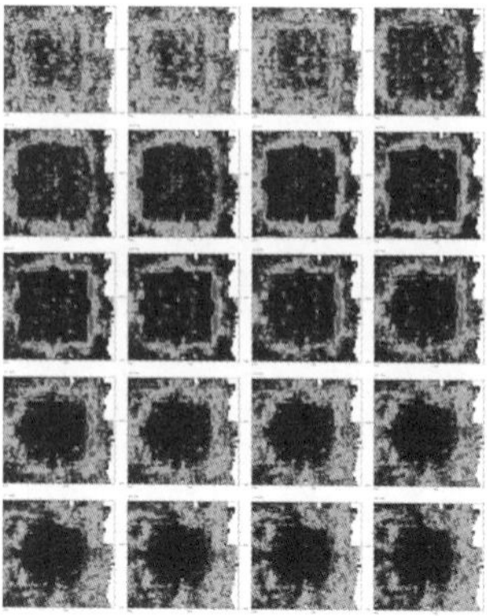

図4.70　東大寺東塔院基壇

図4.71　東大寺東塔院

際に堆積した瓦や礫など、後者は基壇外装を想定したい。基壇外装と考える反射は、基壇の各辺の中央部に突出部があり、これは階段であろう。階段は想定されている礎石間隔と同じ幅であり、古代建築の柱間の間隔と階段幅が一致するとする箱崎氏の指摘と一致している。

東塔院では、回廊の痕跡と状況を確認した。塔東側では、回廊と思われる反射の弱い部分の周辺に反射の強い部分が帯状に存在し、回廊基壇際に瓦や礫の堆積があることが想定できる。塔正面でやや反射が矩形に広がる状況があり、この部分に門の基壇を想定できる。南側では中央に方形の反射が回り、これも門の痕跡と考えたい。西側は反射が強い部分はないが、逆に反射が弱い部分が線状に存在している。これは、回廊基壇際の堆積物が存在せず、また基壇外装などの施設が抜き取られた後に土が堆積しているのではないだろうか。

成果を確認するための発掘調査はまだおこなわれていないため、探査成果による想定が検証されたわけではないが、今後その比較が期待される。

参考文献

天沼俊一　1910　創立當時に於ける東大寺南大門、東西両塔院及び其沿革　建築雑誌24　日本建築学会

箱崎和久　2004　東大寺七重塔考　論集東大寺創建前後　法蔵館

金田明大　2011　古代日本の官衙・寺院遺跡探査の実践ー奈良文化財研究所による近年のGPR探査ー　信学技報SANE2011-120　電子情報通信学会

金田明大　2012　寺院･官衙遺跡の探査　月刊考古学ジャーナル629　ニューサイエンス社

5.3.　三軒屋遺跡

探査の概要

群馬県伊勢崎市に所在する。上野国佐位郡衙正倉に比定されている遺跡であり、重要遺跡として範囲確認や実態の研究を目的として伊勢崎市教育委員会による継続的な発掘調査が実施されている。その一環として遺跡探査が計画され、受託研究として奈良文化財研究所と共同で調査を実施した。

『上野国交代実録帳』佐位郡条には、正倉に八面甲倉の記載があり、小学校の施設整備のための発掘調査において八角形の総柱礎石建物が確認されたことから、注目されている遺跡である。現在、この建物は学校の校庭に保存されている。攪乱を受けている

部分の発掘調査での知見から、この八角形建物の下層には先行する建物の存在が知られていたが、上層の遺構を保存するためにその詳細については発掘では明らかにできない。探査は広い面積を実施したが、ここでは、この部分を取り上げて紹介する。

探査の方法

対象範囲の測量後、GSSI 社 SIR-3000 と 400MHz アンテナを用いて探査を実施した。測線は南北方向に 0.5m 間隔で走査した。

アンテナの走査はいずれも、専用に作成したそりを用いて作業を実施した。

探査成果と検討

浅い部分において、発掘調査で確認した八角形建物の基壇部分を明瞭に確認することができた。下層遺構の存在を確認できた攪乱坑も形状、位置ともに明瞭に再現できている。

上層の基壇の影響がみえなくなる部分では、多角形を呈する反射の形状が確認でき、これを下層遺構と考えた。地中レーダーでは、上層の影響がそれ以下の部分にも影響することから、慎重な検討が必要であるが、上層の八角形建物の基壇よりもこの反射はやや西の範囲にずれており、また規模も一回り小さいことから、別の遺構の存在によるものと判断した。

様々な時期の遺構が複合する遺跡においては、上層の遺構の保全のためにそれ以下の遺構の調査が難しいことも少なくない。そのため、探査を利用することで、より下層の遺構の形状や配置を確認することが可能となり、遺構の時間的な変遷についての知見

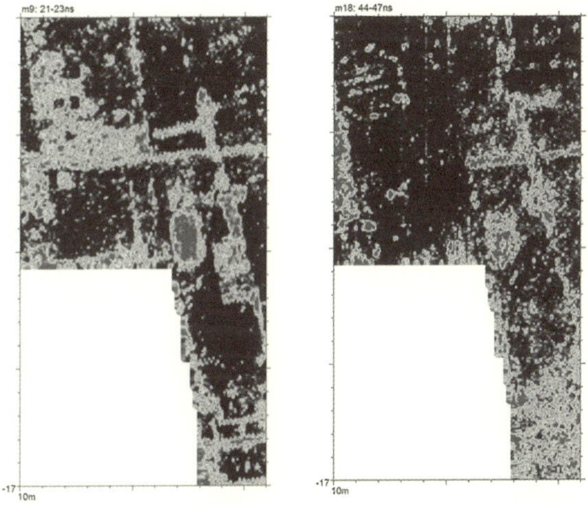

図4.72　三軒屋遺跡

を得ることが可能である点で良好な事例となった。

参考文献

金田明大　2010 「いよいよ柱穴がみえてきた―発掘調査補助手段としての文化財探査―」文化財の壺創刊号　文化財方法論研究会

金田明大　2011 「古代日本の官衙・寺院遺跡探査の実践―奈良文化財研究所による近年の GPR 探査」『信学技報』2011-120　電子情報通信学会

伊勢崎市教育委員会 2012　三軒屋遺跡 3　伊勢崎市教育委員会

伊勢崎市教育委員会 2013　三軒屋遺跡―総括編―　伊勢崎市教育委員会

5.4.　台渡里遺跡

探査の概要

台渡里遺跡は茨城県水戸市に所在する国史跡である。遺跡は那珂川南岸の台地北端に立地している。かねてより瓦の出土や礎石の存在が知られており、観音堂山地区と南方地区では発掘調査により寺院の存在が確認され、台渡里廃寺と呼称されている。この北側に位置する長者山地区は、常陸国那賀郡衙に比定されている。ここでは、基壇を伴う総柱礎石建物の存在が確認されており、郡衙正倉院にあたると考えられている。

継続的な発掘調査が実施されており、遺跡の内容や範囲についての知見が蓄積されている。加えて、非破壊的で迅速な手法を用いた広域の遺跡範囲の把握と遺構の詳細情報を得ることを目的として、水戸市教育委員会と奈良文化財研究所が共同で探査と発掘を実施した。

探査の方法

探査の主眼は正倉院東側に想定される区画溝の確認を主な目的とした。加えて、遺構の深さや堆積状況の把握を目的としている。ここをVI地点と呼称する。機器はGSSI社SIR-3000を用いた。当該部分は遺構の埋没深度や溝の深さが不明であったため、まず200MHzアンテナを用いて探査をおこない、その成果を基に400MHzアンテナで詳細を探る方法でおこなった。また、倉庫と考える基壇を有する掘立柱建物の構造の詳細を検討することを目的に一部調査がおこなわれている地点を選び、詳細の検討をおこなった。ここをVII地点と呼称する。ここは遺構までの深度が既存の調査例でわかっており、400MHzアンテナで探査した。測線間隔は0.5mである。

図4.73　台渡里遺跡

探査成果と検討

VI 地点では、探査区西側で南北方向に伸びる溝状の反射の弱い部分を指摘できる。確認調査の結果、この溝が正倉院の東側区画溝であることが明らかとなった。確認調査では関東ローム層に溝が掘り込まれている状況が確認され、ローム層で強い反射を、溝の埋没土は弱い反射をみせており、明瞭な成果が得られた状況が理解できる。また、北東部分の斜め方向の溝状の反射と、南東部分にコの字状を呈する溝状の反射の存在が明らかになった。これらの溝は確認調査により、中世の城館に関連する区画溝であることが明らかにされている。

VII 地点では、既存の調査により、基壇上の建物には建て替えが観察されており、柱筋の部分は掘り込んで土を圧密する地業と

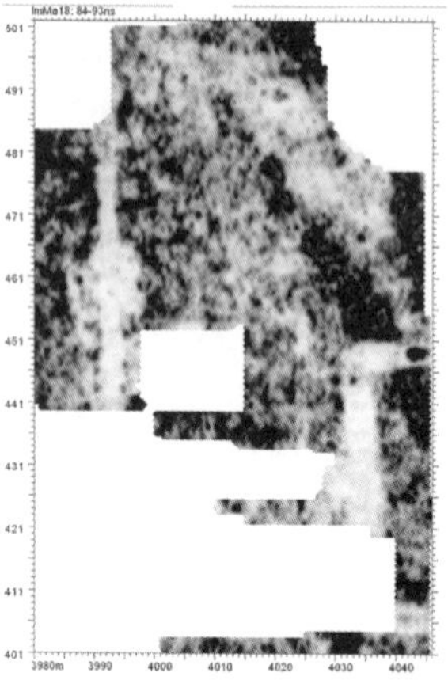

図4.74　台渡里遺跡VI

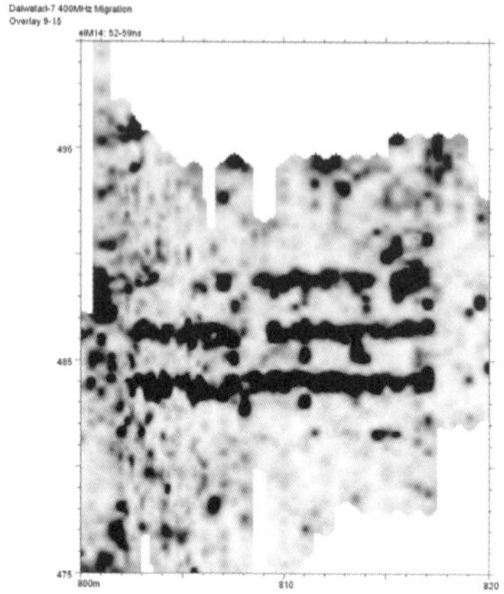

図4.75　台渡里遺跡VII

呼ばれる作業がおこなわれていることが明らかになっている。この基礎部分は、柱の載る礎石の下部のみを掘り下げる壺掘地業から布掘地業へ変遷していることが明らかにされている。

今回の探査成果では、基壇部分全域の調査をおこない、これらの地業の形状と範囲の把握が可能になった。また、布掘地業の範囲の確定により建物が西側に移動して建て替えがおこなわれたことが明らかになった。

参考文献

川口武彦・金田明大・三井猛・西村康・西口和彦・木本挙周・佐々木淑美・樋口碧 2009「地方官衙遺跡調査における微地形測量と地下探査の有効性」

『第75回日本考古学協会総会研究発表要旨』日本考古学協会
川口武彦・渥美賢吾　2011　『台渡里3』　水戸市教育委員会
金田明大　2010　「いよいよ柱穴がみえてきた―発掘調査補助手段としての文化財探査―」文化財の壺創刊号　文化財方法論研究会
金田明大　2011　「古代日本の官衙・寺院遺跡探査の実践―奈良文化財研究所による近年のGPR探査」『信学技報』2011-120　電子情報通信学会

5.5.　神野向遺跡

探査の概要

神野向遺跡は茨城県鹿嶋市に所在する国史跡である。常陸国鹿島郡衙に比定されており、1980年に区画溝が確認され、炭化米の出土が注目された。1984年には部分的な発掘調査が実施され、政庁および正倉の存在が明らかとなっている。

しかし、遺跡の範囲が広範囲に及ぶこと、政庁域だけでなく、多種多様な施設が周辺に存在することが予想され、保護と公開活用を目的とした広域における遺構状況の把握が課題となった。

このため、発掘調査とあわせて遺跡の範囲および遺構配置などの情報についての詳細な把握を目的として物理探査をおこなうこととなり、探査については鹿嶋市教育委員会と奈良文化財研究所が連携して研究を実施した。

ここでは、倉庫群と関連遺構を明瞭に確認できた正倉地区の成果について述べる。発掘調査により部分的に倉庫と考えられる建物と、区画溝が確認されており、正倉の存在が想定されている。調査によってこれらの建物は掘込地業をおこなっているものもあり、遺構面が浅い位置に存在することが知られているため、GPRによる判別がしやすい対象と考えた。

探査の方法

正倉地区は政庁地区の南西側に位置する。都合により全域の計測ができず、試験的に探査をおこなった。計測は正倉地区の北縁部分に東西 90m、南北 30m の範囲を設定した。基準の測量後、GSSI 社 SIR-3000 と 400MHz アンテナを用いて探査を実施した。測線間隔は毎回ともに 0.5m である。

アンテナは、当初三輪のカートによる走査をおこなっていた。しかし、地表の凹凸によるノイズが目立ったことに加え、手持ち、カート、そしてそりによる同一測線におけるアンテナ走査法の比較を試みた結果、そりを用いてより地表に沿った形で探査をおこなうことが良好なデータを取得できる可能性が高くなったため、ここで扱う調査では専用に作成したそりを用いて作業を実施した。

探査成果と検討

探査の結果、2 列の掘立柱建物の掘込地業と考えることのできる方形の反射が確認できた。これらは南北方向に軸をそろえているものの、東西の列間はそろっていない。今回の調査区では北側 3 棟、南側 2 棟を確認できた。調査区南東隅の建物の地業に注目すると、18-61ns までは明瞭な事業が存在するが、それ以下では明瞭ではなく、58ns 以下では代わって X=75 m、Y=0-8m 付近に点状の規則的な反射が方形に並ぶ状況が確認できる。これは下層の掘立柱建物の存在をしめす可能性が高い。発掘調査により部分的に確認されている正倉外廓の溝については、正倉域北西部分の崖にそのまま延びるのではなく、途中で止まっていることが明らかになった。

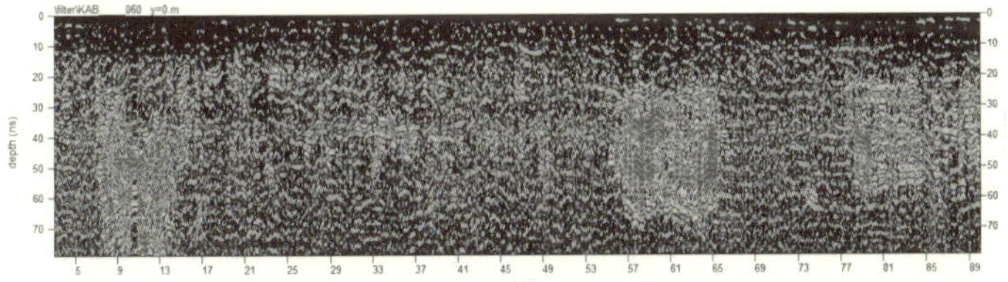

図4.76　Bスキャン（神野向遺跡）

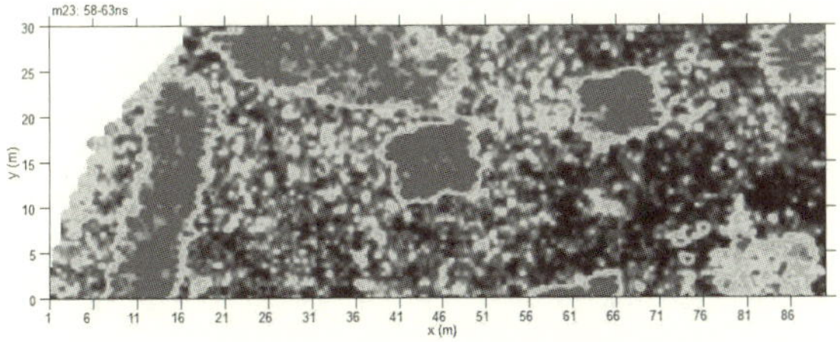

図4.77　Cスキャン（神野向遺跡）

今回の結果から、正倉地区の遺構配置の変遷について検討できるだけでなく、個別の遺構に対しその詳細な内容を検討できる可能性が指摘できる。掘込地業の有無や掘立柱の深さといった遺構を評価する上で重要な情報を提示することが可能である。

参考文献

金田明大　2010　「いよいよ柱穴がみえてきた―発掘調査補助手段としての文化財探査―」文化財の壺創刊号　文化財方法論研究会

金田明大　2011　「古代日本の官衙・寺院遺跡探査の実践―奈良文化財研究所による近年の GPR 探査」『信学技報』2011-120　電子情報通信学会

5.6. 寒風古窯跡群

探査の概要

岡山県瀬戸内市に所在する。備前地域は古代における窯業生産の一大生産地であり、延喜式の須恵器貢納国として古代の生産史や流通史を考える上で重要な位置を占めている。寒風古窯跡は備前地域の須恵器生産窯として有名な遺跡であり、時實黙水氏の活動などを通じて古代の基準資料となっている。

1977年には岡山県教育委員会と奈良国立文化財研究所が磁気探査を実施し、4つの地点において磁気異常部を認めている（岡山県教委 1978）。

国庫補助の採択を受け、瀬戸内市教育委員会は寒風窯周辺の史跡整備と発掘調査を実施した。それに関連して、奈良文化財研究所と共同で寒風窯の物理探査を実施した。探査は、磁気探査を実施し、また地中レーダーおよび電気探査をおこなった。窯の存在を確認する方法として磁気探査は有効であり、今回実施したほとんどの部分で有効であった。しかし、かつての磁気探査で窯の存在が想定され、1号窯と命名された個所において、史跡指定に際して打設されたコンクリート製の杭の内部の鉄芯によって、磁気探査では窯の存在が明瞭でない部分があり、磁気探査で明瞭な窯の存在が確認できた2号窯周辺と合わせてGPRによる探査をおこなうこととした。

探査の方法

対象範囲の測量後、GSSI社SIR-2Pと400MHzアンテナを用いて探査を実施した。測線は1号窯地点では南北方向に1m間隔、2

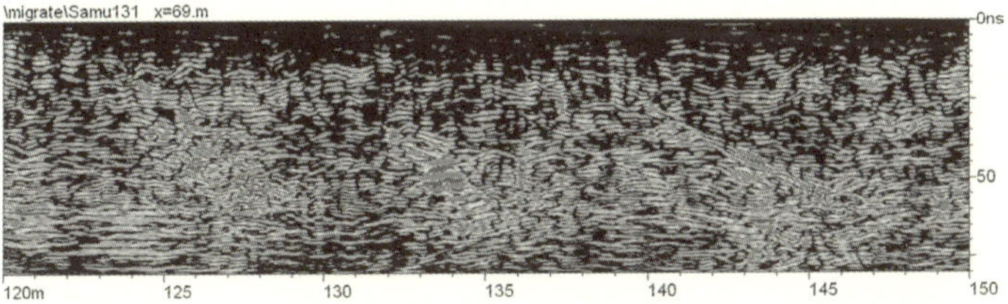

図4.78　Bスキャン（寒風古窯跡群）

号窯地点では東西方向に 1m 間隔で走査した。

アンテナの走査はいずれも手持ちによって走査をおこなった。

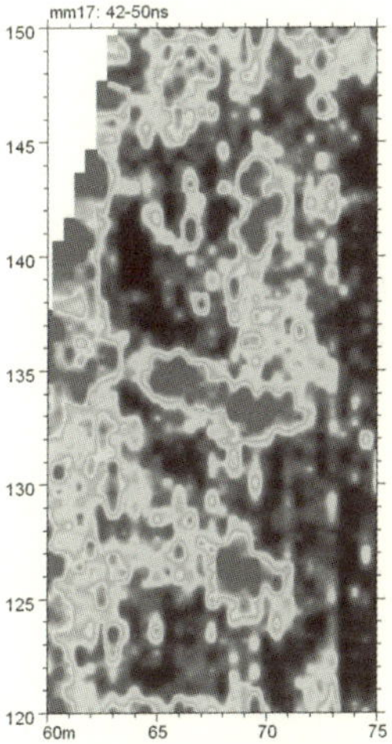

図4.79　Cスキャン(寒風古窯跡群)

探査成果と検討

1 号窯地点では、1977 年の磁気探査によって 1 − I・1 − II の 2 基の窯の存在が想定されている。今回実施した磁気探査では先述の杭の影響で明瞭ではないが、GPR 探査によってこの 2 基については存在が確認できた。

加えて、プロファイルの検討から、1 − II 号窯の南側に強い反射があり、これが別の窯になる可能性が指摘できた。深さをみると、既に存在が想定されている 2 基の窯よりも深い位置にあり、これらに先行する窯の可能性が指摘できる。しかし、その詳細は探査のみでは明瞭ではなかった。

成果報告後、この位置の試掘調査が実施され、窯の存在を確認することができた。新たに1－III号窯と呼称されるこの窯は、他の2基に先行する時期のものであることが明らかとなり、当該地域の窯業生産の展開を考える資料を提供した。

2号窯地点では、磁気探査によって窯の存在を確認したが、GPR探査の結果、窯体と考える長楕円形の反射の上部に円形の異常部分が存在することが観察できた。この性格については明らかでなく、窯の天井が陥没したものとの想定をしていたが、発掘調査によって窯の天井部が陥没した後、それを利用して周辺の焼成不良品などを廃棄した廃棄坑であることが明らかとなった。

窯跡の探査については磁気探査が中心ではあるが、GPR探査を併せておこない、成果を比較することによってより多くの情報が入手可能であることを示す成果となった。

参考文献

岡山県教育委員会　1978　寒風古窯跡群　岡山県教育委員会

金田明大・西村康・西口和彦・馬場昌一・若松挙史　2006　備前寒風窯跡における物理探査と発掘調査　日本文化財探査学会研究発表要旨集2006

瀬戸内市教育委員会　2009　寒風古窯跡群　瀬戸内市教育委員会

金田明大・西村康　2007　埋蔵文化財ニュース127　遺跡探査の実際　奈文研

5.7.　ボロルダイ古墳群

探査の概要

カザフスタン共和国アルマトイ市はかつてのカザフスタンの首都であり、現在もカザフスタンを代表する大都市である。ボロル

図4.80　ボロルダイ古墳群

ダイ古墳群はアルマトイ市北部に所在し、出土遺物から紀元前 8 ～ 3 世紀のサカ族の墳墓（クルガン）と考えられている。

カザフスタン、タジキスタン、キルギス、ウズベキスタン、トルクメニスタン、中華人民共和国は共同でシルクロード関連の遺跡群を世界遺産に登録することを目的に活動を進めている。日本は中央アジア諸国に対して必要な技術援助をおこなっており、東京文化財研究所は、研究者育成を主眼としたワークショップを実施した。その内容として、探査技術習得について希望があったことから、奈良文化財研究所と連携の下、カザフスタンを中心に探査についてのワークショップを実施することとし、遺跡において GPR 探査と電気探査の実習をおこなった。

探査はボロルダイ古墳群のほか、シルクロードの都市であるサ

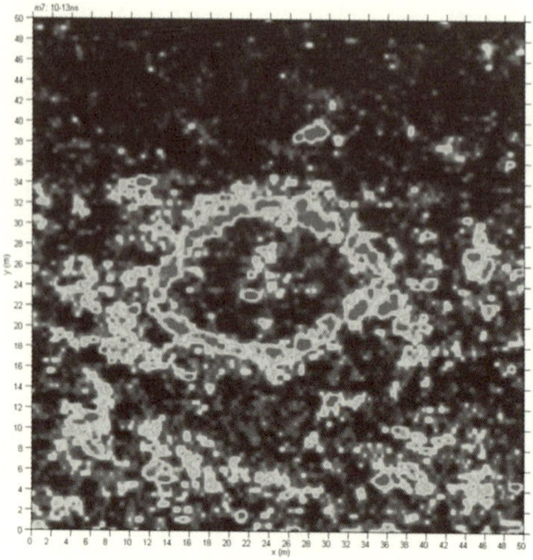

図4.81　ボロルダイ11号墳

ウランなどでも実施した。

ボロルダイ古墳群では、2年間で計5基の墳墓について探査を実施した。中でも、11号墳および13号墳においては良好な成果を得た。ここでは、この成果について報告をおこなう。

探査の方法

対象範囲の測量後、初年度はGSSI社SIR-3000と70、200、400MHzの各アンテナを用いて探査を実施した。測線間隔はすべて0.5mである。中心周波数の違うアンテナを利用したのは、それぞれの得られるデータの差異を相互に検討することや、墳墓の規模が様々であり、要求される到達深度が大きく異なることによるものである。2年目には、カザフスタン側がSIR-3000と

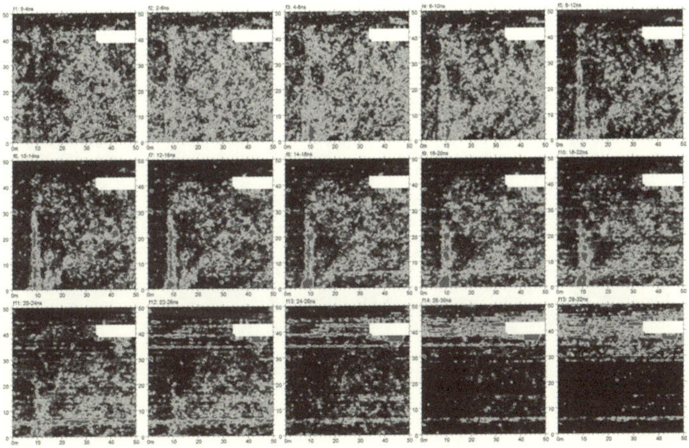

図4.82　ボロルダイ13号墳角

270MHz のアンテナのセットを導入し、これを中心に用いた。

探査成果と検討

古墳群は大小様々な墳墓が存在している。

11 号墳は小型の墳墓である。墳丘は低平な状況であり、後世の破壊の可能性も指摘されたが、比較用に探査をおこなうこととした。ここでは、円形の墳丘上に杏仁形の反射を明らかにすることができた。この性格については不詳であるが、この反射の中心には方形の強い反射を呈する部分があり、主体部かあるいは盗掘坑の存在を指摘できる。次年度におこなったほぼ同規模の 12 号墳においても一部であるが、同様の反射を得られており、これらの遺構がいくつかの墳墓で存在する可能性が高まりつつある。

13号墳は古墳群最大の墳墓であり、全容を探査することが期間的に難しかったので、方形の角部分の探査を実施した。この結果、線状の反射や円形の反射を確認した。線状の反射については、踏査の結果、この反射に連続する位置にあたる農業用に掘削された溝の部分で石列が確認できることから、石列であると考える。円形の反射は内容が不詳であるが、なんらかの構造物である可能性が高い。他にも、いくつかの反射が存在するが、これらは墳墓周辺の供献等に関連する可能性もあろう。

参考文献

山内和也・金田明大・西口和彦・有村誠　2012　カザフスタンにおける考古遺跡の地下探査―シルクロード世界遺産登録に向けた支援事業（2011年）―平成23年度考古学が語る古代オリエント　日本西アジア考古学会

山内和也・金田明大・森本晋・久米正吾　2013　カザフスタンにおける考古遺跡の地下探査―シルクロード世界遺産登録に向けた支援事業（2012年）―平成24年度考古学が語る古代オリエント　日本西アジア考古学会

コラム

電波と電磁波

電界と磁界が時間と共に変化することで互いに結合して波として伝わるのが電磁波である。電波、光、X線も電磁波の一種類である。電磁波のうち、赤外線、可視光線、紫外線などを光と呼び、テレビや携帯電話で使われる電磁波を電波と呼ぶ。つまり電磁波は光と電波の総称である。我が国では「電波法」によって3百万（MHz）＝3×10^{12}（Hz）＝3（THz）（テラヘルツ）より低い周波数を「電波」と定義している。波長が1ミリメートル（10^{-3}メートル）より長い電磁波が「電波」、数ミクロン（10^{-6}メートル）程度の波長の電磁波が「光」であり「X線」の波長は（10^{-10}メートル）程度である。波長が違うことで、電磁波の物理的な性質や伝わり方に大きな違いが生じる。例えばX線は人体を容易に透過するが、光は透過できない。ところが電波は透過することができる。これは電磁波が伝わる物質との相互作用の大きさに依存している。

波の種類：音波、地震波、電波、X線

地中の遺跡を地表から見るために「波動」を使う。波動には大きく分けて物体を振動させる音波と地震波、電磁界現象である電磁波の2種類に分けられる。人間の声は空中を空気の「振動」で伝わる。これが音波である。同様に音波は水中でも水の振動を伝えることができる。魚群探知機は音波で魚を捜す。また人間の体

も筋肉や脂肪を振動さえることで音波が伝わる。「超音波」とは周波数の高い音波のことを指し、人間ドックで使われる超音波診断は音波を利用して体内の様子を調べる。地震波も地面や地殻の「震動」が伝わる波動であるが、空中や水中を伝わる音波は縦波しかないのに対して、固体中を伝わる地震波は縦波と横波がある。地震波の縦波は音波とおおよそ同じ現象を示す。

周波数と波長

周波数 f（Hz）の電波の波長 λ（m）は電波速度が v（m/s）である物質中で λ（m）$= v/f$ で与えられる。また比誘電率 ε_r を持つ物質中の電波速度は $v = c/\sqrt{\varepsilon_r}$ である。ただし $c = 3 \times 10^8$(m/s）は真空中の光速である。以下に地中レーダーで使われる周波数帯での電波の波長を示す。

周波数（MHz）	空中での波長（m）	地中（比誘電率 25）での波長（cm）
100	3	60
300	1	20
900	0.33	6.6
1,500（1.5GHz）	0.2	4
3,000（3GHz）	0.1	2

レーダー分解能

レーダーで検知したい2つの物体が近接しているとレーダーの反射波は重なり合って､2つの物体として識別できなくなる。2つの物体を識別できる最短距離をレーダー分解能と呼ぶ。レーダー分解能は、レーダーのパルス波の幅が狭いほど高くなる。幅の狭いパルス波を送信するためには、周波数帯域幅（レーダーが使う周波数の下限から上限までの周波数差）を高めることが必要である。レーダーの周波数が高いほど波長が短くなるのでレーダー分解能が高くなるという説明をよくみかけるが、これは厳密には正しくない。高い周波数を使うほど、周波数帯域幅を高めやすくなるので、結果としてレーダー分解能が向上する。ここで説明した分解能を専門的にはレンジ分解能と呼ぶ。レーダーではレンジ分解能に加えてアジマス分解能も定義されているが、GPRではあまり関係しない。

全地球航法衛星システム

カーナビや携帯電話に使われている測位や測量の方法としてGPSが広く知られてきた。GPSはアメリカが運用するGPS衛星から送信される電波を利用した測位方法であるが、現在ではロシアが運用するGLONASS衛星や、我が国が運用する準天頂衛星「みちびき」など、GPS衛星以外の測位衛星が利用できるようになった。こうした理由で2011年度より国土交通省では衛星測位について従来の「GPS測量」に替え「GNSS測量」（Global Navigation Satellite System）「全地球航法衛星システム」を正式呼称とした。

用語集

本書で使用されている略号、単位などの発音と意味をまとめます。

表記	発音	意味
GPR	ジーピーアール	地中レーダー
GPS	ジーピーエス	全地球測位システム
GNSS	ジーエヌエスエス	全地球航法衛星システム
UWB	ユーダブリュービー	超広帯域周波数
Hz	ヘルツ	1秒間の振動数（周波数）の単位
kHz	キロヘルツ	1秒間に 10^3 回振動
MHz	メガヘルツ	1秒間に 10^6 回振動
GHz	ギガヘルツ	1秒間に 10^9 回振動
THz	テラヘルツ	1秒間に 10^{12} 回振動
m/s	メートル毎秒	速度の単位
s	セカンド	秒
ns	ナノ　セカンド	10^{-9} 秒
λ	ラムダ	波長
c	シー	真空中の光の速度
ε	イプシロン	誘電率
ε_r	イプシロン・アール	比誘電率
σ	シグマ	導電率
μ	ミュー	透磁率

参考文献

（地中レーダに関する論文が多く掲載される学術雑誌）

1. 物理探査　http://www.segj.org/report/index.html
2. Geophysics　http://library.seg.org/journal/gpysa7
3. IEEE Transactions of Geoscience and remote Sensing
   http://www.grss-ieee.org/publications/transactions/
4. IEEE Geoscience and Remote Sensing Letter
   http://www.grss-ieee.org/publications/letters/
5. IEEE Journal of Selected Topics in Applied Earth Observations and Remote Sensing
   http://www.grss-ieee.org/publications/jstars/
6. IEEE International Symposium on Remote Sensing and Geoscience (IGARSS)
   http://www.grss-ieee.org/category/events/igarss-events/
7. IGARSS2011 (仙台 - バンクーバー 2011 年 8 月) http://igarss11.org/

（地中レーダに関する教科書）

1. D.J.Daniels　Ed., Ground Penetrating Radar 2nd Edition, IEE Radar, Sonar and Navigation series 15, Institution of Electrical Engineers, London, UK, 2004
2. C.S.Bristow and H.M.Jol, Ed., Ground Penetrating Radar in Sediments, Geological Society, Special Publication 211, Geological Society, 2003.
3. L.Conyers, D.Goodman, Ground-Penetrating Radar – An Introduction for Archaeology, Altamira Press, Walnut Creek, CA, USA, 1997
4. 山下栄吉編、応用電磁波工学、10 章電磁波による地下探査（荒井、鈴木）、近代科学社 1991
5. 物理探査ハンドブック、手法編　第 7 章地中レーダ（佐藤、利岡）、物理探査学会、1998
6. A. Turk, K.Hocaoglu and A. Vertiy　Ed., Subsurface Sensing　Ch.11.8 (Motoyuki

Sato) 758-769. Wiley, September, 2011

7. K.Furuta and J. Ishikawa Ed., Anti-personnel Landmine Detection for Humanitarian Demining, Chapter 2 (Motoyuki Sato) Principles of Mine Detection by Ground-penetrating Radar, Springer, 2009.

（電磁波およびレーダ技術の基礎）

1. 宇野亨、FDTD 法による電磁界およびアンテナ解析、コロナ社、1998.
2. 宇野亨，白井宏，電磁気学，コロナ社，2010.
3. 安達三郎、米山務、電波電送工学、コロナ社、1981.
4. G.Smith, An Introduction to Classical Electromagnetic Radiation, Cambridge University Press, 1997.
5. 近藤　倫正　電波情報工学　共立出版、1999.
6. L.Shen and J.A. Kong, Applied Electromagnetism, Third Edition, PWS Publishing Co.
7. 岡本　謙一　編著　地球環境計測　オーム社、1999.
8. D.J.Daniels, Surface-Penetrating Radar, The Institution of Electrical Engineers, London, UK, 1996.
9. D.J.Daniels, Surface-Penetrating Radar(Second Edition), IEE, London, UK, 2004.
10. L.Conyers, D.Goodman, Ground-Penetrating Radar – An Introduction for Archaeology, Altamira Press, Walnut Creek, CA, USA, 1997.
11. 山下栄吉編、応用電磁波工学、10 章電磁波による地下探査（荒井、鈴木）、近代科学社 1991.
12. 物理探査ハンドブック、手法編　第7章地中レーダ（佐藤、利岡）、物理探査学会、1998.
13. C.S.Bristow, H.M.Jol, Ed., Ground Penetrating radar in Sediments, The Geological Society, London, 2003.
14. Jung-Ho Kim, RADPRO/GPR V.3.4 User's Guide
15. 佐藤　源之、最先端の地中レーダ（GPR）による遺跡探査技術，考古学

ジャーナル ,629 号 , pp26,-30 , 2012.
16. 佐藤　源之 , 地中レーダ (GPR) 技術と人道的地雷検知への応用 . CQ 出版社 RF ワールド , 4, pp54-63 ,2008.

（佐藤　源之 HP、GPR に関係した講義）
http://cobalt.cneas.tohoku.ac.jp/users/sato/newpage9.htm
（東北大学東北アジア研究センター佐藤研究室）
http://magnet.cneas.tohoku.ac.jp

（地下電磁計測ワークショップ　論文集）
http://cobalt.cneas.tohoku.ac.jp/users/bumon/

（International Conference on GPR（国際地中レーダ会議）
http://www.earth.tohoku.ac.jp/gpr96.html
Ihttp://www.rsl.ukans.edu/~gpr98/
http://www.cssip.elec.uq.edu.au/gpr2000
http://www.cssip.uq.edu.au/gpr2000/
http://www.ece.ucsb.edu/gpr2002
http://www.gpr2004.tudelft.nl/
http://gpr.osu.edu/
http://www.newscentre.bham.ac.uk/gpr2008/index.shtml
http://www.ibam.cnr.it/gpr2010/
http://sites.uclouvain.be/GPR2014/
http://www.polyu.edu.hk/itdevlop/lsgi/gpr2016/

あとがき

遺跡調査を、より効率的に行うために遺跡を「掘る」前に遺跡を「探査」することの重要性が謳われています。昭和60年頃より、奈良文化財研究所の西村康さんを中心とした研究グループが科学研究費補助金特定領域研究「遺跡を調査する」で結集しました。筆者もこのときに初めて遺跡探査に地中レーダーを利用する経験をし、それ以降研究を続けるきっかけとなりました。

パーソナルコンピューター（PC）の高性能化は、地中レーダーの現場での信号判断能力を飛躍的に高めました。同時に地中レーダーの性能をフルに活かすことで、10年前はできなかったことが次々とできるようになってきたのを感じていました。西都原古墳や、さきたま古墳でそうした性能が発揮できてきたと考えています。

2011年3月11日、地震と津波が未曾有の被害を東日本にもたらしました。地震が起きた時、私は仙台市に所在する東北大学のキャンパスにいました。被災地にいた多くの人々は当日の津波被害の様子を、電気がなかったためテレビを通して眼にしてはいません。雪が降る中、仙台市内を徒歩で整然と帰路につく人の列はとても印象的でした。数日が経過し、被害の様子が明らかになるにつれ、研究者として、今、何ができるかを考え地中レーダーを利用した復興の手助けはどうあるべきかを考え始めました。

津波被災地を実際に歩き、この場所に再び住むことの難しさを感じながらも、多くの人は長年慣れ親しんだ場所から離れて暮らすことに大きな抵抗があるだろうと思いました。住宅の高台移転が徐々に現実化されてくると、遺跡調査が多数行われていることを知り、地中レーダー技術が少しでも役に立つのではないかと考えるに至りました。

経験に裏付けられた遺跡調査に、新たな探査技術を導入することには、かえって無駄な時間を要するのでは無いか、結局あまりわからないのではないかという批判の声が聞こえる一方、これまでの調査方法では分からなかったことを明らかにしたり、調査計画の立案に少しでも役立つデータを供与したりすることが少しずつですができつつあると思っています。誰にでも使える地中レーダー技術を確立することがレーダー技術の研究者としての使命、また市場性の乏しい文化財保護の観点から大学の研究が果たすべき役割であると考えています。

最後になりましたが、GPRによる遺跡調査への御協力と貴重なご助言をいただいた多くの文化財保護関係者、地方自治体の皆様に厚く御礼申し上げます。また現地計測やデータ解析に携わってくれた多数の学生、研究室メンバーの皆さんに感謝します。

初雪を待つ仙台にて

佐藤　源之

東北アジア学術読本

1 『シベリアとアフリカの遊牧民
　　―極北と砂漠で家畜とともに暮らす―』
　（高倉浩樹、曽我亨）、2011 年
2 『東北アジア　大地のつながり』
　（石渡明、磯﨑行雄）、2011 年
3 『途絶する交通、孤立する地域』
　（奥村誠、藤原潤子、植田今日子、神谷大介）、2013 年
4 『食と儀礼をめぐる地球の旅
　　―先住民文化からみたシベリアとアメリカ―』
　（高倉浩樹、山口未花子）、2014 年
5 『世界遺産を学ぶ ―日本の文化遺産から―』
　（入間田宣夫、仲野義文、荒武賢一朗）、2015 年

地中レーダーを応用した遺跡探査
GPR の原理と利用
Archaeological Survey by Ground Penetrating Radar:
Principle of GPR and its applications
（東北アジア学術読本　6）

2016 年 3 月 24 日　第 1 刷発行
編著者　佐藤 源之・金田 明大・高橋 一徳
発行者　久道 茂
発行所　東北大学出版会
〒 980-8577　仙台市青葉区片平 2-1-1
TEL：022-214-2777　FAX：022-214-2778
http://www.tups.jp　E-mail：info@tups.jp
印　刷　社会福祉法人　共生福祉会
萩の郷福祉工場
〒 982-0804　仙台市太白区鈎取御堂平 38
TEL：022-244-0117　FAX：022-244-7104
ISBN978-4-86163-267-9　C3355
定価はカバーに表示してあります。
乱丁、落丁はおとりかえします。

東北アジア学術読本について

シベリア・モンゴル・中国・朝鮮半島そして日本を総合的に捉える地域概念である「東北アジア」は、歴史的にもまた現在的にも我が国の重要な近接空間である。本シリーズは、この地域の自然・歴史・文化・社会に関わる基盤的知見や、人文社会科学・理学工学の多面的な視点から切り開いてきたアクチュアルな諸問題にかかわる研究成果を、専門家はもとより、より多くの方々に広く知ってもらうことを目的に創刊された新たな試みである。